Os Seis Livros da
República

Livro Quarto

Coleção Fundamentos do Direito

Jean Bodin

Título Original*

Les Six Livres de la
République

---

* Tradução de *Les Six Livres de la République*, de Jean Bodin (1530-1596). Tratado publicado originalmente em seis volumes em Paris por Jacques Du Puys em 1576. Traduzido para o latim pelo próprio autor em 1586 com o título de *De Republica libri sex*. Reeditado em seis volumes, com a ortografia original, no "Corpus des œuvres de philosophie en langue française", coleção sob a direção de Michel Serres publicada pela editora Fayard, Paris, 1986.

Dados Internacionais de Catalogação na Publicação (CIP)
(Câmara Brasileira do Livro, SP, Brasil)

Bodin, Jean, 1530-1596.
  Os seis livros da República : livro quarto / Jean Bodin ; tradução e revisão técnica José Ignacio Coelho Mendes Neto. -- 1. ed. -- São Paulo : Ícone, 2012. -- (Coleção fundamentos do direito)

  Título original: Les six livres de la République : livre quatrième.
  ISBN 978-85-274-1134-9

  1. Ciências políticas - Obras anteriores a 1800 2. O Estado 3. Soberania I. Título. II. Série.

10-06956   CDD-320.15

Índices para catálogo sistemático:

1. República : Ciências políticas   320.15

Jean Bodin

Os Seis Livros da República

Livro Quarto

Título Original
Les Six Livres de la République – Livre Quatrième

Tradução e Revisão Técnica
José Ignacio Coelho Mendes Neto

Coleção Fundamentos do Direito

1ª Edição   Brasil – 2012

© Copyright da tradução – 2012
Ícone Editora Ltda.

Coleção Fundamentos do Direito

Conselho Editorial
Cláudio Gastão Junqueira de Castro
Diamantino Fernandes Trindade
Dorival Bonora Jr.
José Luiz Del Roio
Marcio Pugliesi
Marcos Del Roio
Neusa Dal Ri
Tereza Isenburg
Ursulino dos Santos Isidoro
Vinícius Cavalari

Título Original
Les Six Livres de la République – Livre Quatrième

Tradução e Revisão Técnica
José Ignacio Coelho Mendes Neto

Revisão do Português
Saulo C. Rêgo Barros

Projeto Gráfico, Capa e Diagramação
Richard Veiga

Proibida a reprodução total ou parcial desta obra, de qualquer forma ou meio eletrônico, mecânico, inclusive através de processos xerográficos, sem permissão expressa do editor (Lei nº 9.610/98).

Todos os direitos de tradução reservados para
ÍCONE EDITORA LTDA.
Rua Anhanguera, 56 – Barra Funda
CEP: 01135-000 – São Paulo/SP
Fone/Fax.: (11) 3392-7771
www.iconeeditora.com.br
iconevendas@iconeeditora.com.br

Índice

Capítulo I
   Do nascimento, crescimento, estado florescente, decadência e ruína das Repúblicas, 11

Capítulo II
   Se há meio de conhecer as mudanças e ruínas das Repúblicas que estão por vir, 49

Capítulo III
   Que as mudanças das Repúblicas e das leis não se devem fazer de repente, 79

Capítulo IV
   Se é bom que os oficiais de uma República sejam perpétuos, 89

Capítulo V
   Se é conveniente que os oficiais estejam de acordo, 109

Capítulo VI
Se é conveniente que o Príncipe julgue os súditos
e se comunique amiúde com eles, 117

Capítulo VII
Se o Príncipe nas facções civis deve se juntar a uma das
partes e se o súdito deve ser obrigado a seguir uma ou
outra, com os meios de remediar as sedições, 141

O Quarto Livro da
República

Capítulo I

Do nascimento, crescimento, estado florescente, decadência e ruína das Repúblicas

Toda República tem origem na família, multiplicando-se pouco a pouco; ou então se estabelece de repente a partir de uma multidão reunida ou de uma colônia tirada de outra República, como um novo enxame de abelhas, ou então como um ramo tirado de uma árvore para ser plantado, o qual, tendo fincado raízes, está pronto para gerar frutos antes daquele que nasce de semente.

Nascimento das Repúblicas

Ora, uma e outra República estabelecem-se pela violência dos mais fortes ou pelo consentimento de uns que submetem voluntariamente aos outros sua plena e inteira liberdade, para que estes dela disponham por poder soberano sem lei, ou então com certas leis e condições. Tendo a República assim começado, se for bem fundada ela se assegurará contra a força externa e contra as doenças internas; e pouco a pouco crescerá em poder até chegar ao ápice de sua perfeição, que é o estado florescente. Este não pode ser de longa duração devido à variedade das coisas humanas, que são tão mutáveis e incertas que as mais altas Repúblicas muitas vezes acabam por ruir de repente sob seu próprio peso; outras são arruinadas pela violência dos inimigos no momento em que se julgam mais seguras; outras envelhecem lentamente e acabam por sucumbir às suas doenças internas. E acontece de ordinário que as mais belas Repúblicas sofrem as maiores mudanças; e não se deve culpá-las por isso, se a mudança provém de uma força externa, como ocorre com mais frequência, pois os belos estados são os mais invejados. E assim como Demétrio, o Sitiador, não estimava nada mais infeliz que aquele que nunca conheceu a adversidade, como se a fortuna julgasse um tal homem tão covarde e tão poltrão que não merecesse que ela o perseguisse, assim vemos Repúblicas tão mal conduzidas que provocam mais pena que inveja nas outras. É por isso que é mesmo preciso ver de onde provém a mudança de uma República antes de julgá-la ou erigi-la em exemplo a ser seguido. Chamo de mudança da República a mudança de estado: quando a soberania de um povo passa para o poder de um príncipe, ou a senhoria dos maiores para o povo miúdo, ou então ao contrário; pois a mudança de leis, de costumes, de religião, de lugar não é outra coisa senão alteração se a soberania permanecer; e, ao contrário, pode acontecer que a República mude de estado mantendo as leis e os costumes, exceto no que tange à soberania, como ocorreu quando o estado popular de Florença foi transformado em monarquia; e não se deve medir a duração de uma República pela fundação de uma cidade, como fez Paulo Manuzio, que escreveu que a República de Veneza durou mil e duzentos anos, quando ela mudou três vezes, como diremos em seguida.

Não se deve medir a idade das Repúblicas pela idade das cidades

Pode acontecer também que nem a cidade, nem o povo, nem as leis sofram mudança alguma, nem dano, e mesmo assim a República pereça; como ocorre quando um príncipe soberano se torna súdito de outrem voluntariamente, ou quando por testamento ele torna herdeiro de seu estado uma República popular.

Reis que tornaram herdeiros os romanos

Como Átalo rei da Ásia, Cóctio rei dos Alpes, Polemon rei da Amásia tornaram a República dos romanos herdeira dos seus estados; os reinos foram extintos com os reis, e transformados em províncias, o que não é mudança de um estado em outro, pois a soberania é totalmente abolida.

Divisão das mudanças

E, ao contrário, se de uma cidade ou de uma província se cria um ou vários estados populares ou reinos, isso não é mudança de República, mas origem e nascimento de uma ou várias Repúblicas novas, como ocorreu quando no país da Suíça e dos Grisões (que eram vicariatos e províncias do Império) formaram-se dezoito Repúblicas, tendo cada uma seu estado soberano. E às vezes duas Repúblicas são reduzidas a uma, como as Repúblicas dos romanos e dos sabinos foram unidas num estado e, no intuito de suprimir o ensejo das guerras civis, eles não foram chamados nem romanos, nem sabinos, mas quirites, e os dois reis durante algum tempo foram bons amigos até que um mandou matar o outro. Portanto, não foi que um povo se tornou súdito de outro, como ocorre quando um, vencido, se rende ao outro, e sofre a lei do vencedor. Isso serve de solução à questão de Cuneu jurisconsulto, que pergunta se uma República unida a outra é súdita desta última, o que Bártolo negou sem distinção e o quer mostrar pelo exemplo de Raymond conde de Toulouse que não leu com atenção o tratado feito entre ele e os estados de Languedoc de um lado, e Luís IX rei da França do outro, no qual se dizia que a filha única do conde Raymond desposaria Alfonso conde de Poitiers, irmão do rei, e que se morressem sem herdeiros legítimos por eles gerados o país de Languedoc retornaria de pleno direito à Coroa, todavia, sem que se pudesse mudar os costumes do país, nem tampouco impor talhas sem o consentimento dos estados do país. O que sempre foi cumprido, permanecendo além disso com os reis a majestade soberana sobre o país e os habitantes do Languedoc, como havia sido antes que o conde dela fosse isento; mas é certo que um estado submetido a outro não constitui uma República, mas somente parte dos súditos. Ora, toda mudança é voluntária, ou necessária, ou composta de um e de outro, e a necessidade é natural ou violenta, pois embora o nascimento seja mais belo que a morte, essa torrente de natureza fluida que arrasta consigo todas as coisas nos faz saber que um não pode existir sem a outra. Mas assim como se julga morte mais tolerável aquela que vem de velhice caduca ou de doença lenta, e quase insensível, assim pode-se dizer que a mudança de uma República que vem quase de velhice e após haver durado longa sequência de séculos é necessária e não violenta; pois não se pode chamar de violento o que vem de um curso ordinário e natural a todas as coisas deste mundo. E assim como a mudança pode ser de bem para mal, assim também pode ser de bem para melhor: ora natural, ora violenta, mas esta acontece repentinamente, a outra pouco a pouco. Quanto à mudança voluntária, é a mais suave e a mais fácil de todas: quando aquele que detém o poder soberano se despoja dele e muda a forma do estado. A mudança do estado popular em monarquia sob a ditadura de Sula foi extremamente violenta e sanguinolenta, mas a mudança que se fez da monarquia disfarçada sob a ditadura para o estado popular foi suave e graciosa, pois ele se despojou voluntariamente da soberania para devolvê-la ao povo sem força nem violência e para o grande contentamento de cada um. Assim o estado aristocrático de Siena foi transformado em popular, antes da tirania de Pandolfo, pelo consentimento dos senhores, que o entregaram nas mãos do povo e deixaram a cidade. E assim como a mudança da doença para a saúde, ou da saúde para a doença, pode advir das qualidades elementares, ou da alimentação, ou então das qualidade internas do corpo ou da alma, ou então pela violência daquele que fere ou cura, assim a República pode sofrer mudança ou ruína total pelos amigos ou inimigos externos ou internos, seja de bem para mal, seja de mal para bem; e com muita frequência contra a vontade dos cidadãos, que é preciso obrigar e forçar, quando não se pode agir melhor, como os furiosos e dementes que são curados contra sua vontade, como fez Licurgo, que transformou as leis e o estado real em popular contra a vontade dos sujeitos ou da maioria destes; embora ao fazê-lo tenha sido bastante combatido e tenha perdido um dos olhos, apesar de ter abandonado a parte que ele e seus sucessores detinham no cetro real, como príncipe do sangue e dos mais próximos da Coroa.

Seis mudanças de República

Assim como só há três espécies de Repúblicas, como mostramos anteriormente, também só há seis mudanças perfeitas, a saber: da monarquia para o estado popular ou do estado popular para a monarquia; e igualmente da monarquia para a aristocracia ou da aristocracia para a monarquia; e da aristocracia para o estado popular ou do estado popular para a aristocracia. E para cada estado há seis mudanças imperfeitas, a saber: do estado real para o senhorial, do senhorial para o tirânico, do tirânico para o real, do real para o tirânico, do tirânico para o senhorial, do senhorial para o real. O mesmo se pode dizer da aristocracia legítima, senhorial ou facciosa, e do estado popular legítimo, senhorial e turbulento. Chamo de mudança imperfeita a da aristocracia legítima para a facção, ou do estado real para o tirânico, porque nela só há mudança de qualidade de bons senhores em maus, permanecendo sempre a monarquia em um, e a aristocracia no outro. Não faço menção à mudança da monarquia para a diarquia, entendendo por diarquia aquela na qual dois príncipes soberanos comandam numa República, numa espécie de oligarquia. De outro modo, também se poderia fazer uma triarquia de três príncipes, como ocorreu sob o triunvirato de Marco Antônio, Augusto e Lépido, pois como se deixa a unidade indivisível, entra-se na questão do número, e o número plural está contido em dois, como dizem os jurisconsultos. Nisso Aristóteles se enganou ao chamar de reino da Lacedemônia aquele onde dois príncipes soberanos comandavam antes de Licurgo. Mas além dessas mudanças de que falei ocorre às vezes que o estado seja mantido em suspenso, como depois da morte de Rômulo o povo romano ficou um ano sem monarquia, nem estado popular nem aristocracia, pois os cem senadores, que comandavam um após o outro, não tinham poder soberano, e só comandavam por comissão. É verdade que se pode dizer que a soberania havia sido devolvida ao povo e o encargo de comandar aos senadores. E às vezes ocorre que, extinto o estado real, aristocrático ou popular, se segue uma pura anarquia, quando não há nem soberania, nem magistrados, nem comissário que tenha poder para comandar, como ocorreu entre o povo hebreu após a morte de Jefté[1], em Siracusa após a morte de Díon, em Florença depois que a nobreza foi expulsa pelo povo, que permaneceu por algum tempo sem governo, como o navio sem patrão nem timoneiro; e após a morte de Abusahid, rei de Fez, o reino ficou oito anos sem rei, como diz Leão d'África; como também depois dos assassinatos de vários sultões do Egito, os mamelucos elegeram Campson rei da Caramânia, tendo passado algum tempo em pura anarquia; e os russos, que estavam cansados e

---

[1] Liv. 9.

extenuados de guerras civis por falta de príncipe soberano, mandaram buscar três príncipes da Alemanha no ano de 865.

 O último ponto é quando o estado se extingue com todo o povo, como ocorreu com o povo e a senhoria de Tebas, que Alexandre, o Grande, exterminou com sua cidade, e com os madianitas, amorreus e outros povos exterminados pelos hebreus, que fizeram perecer não apenas as Repúblicas, mas também os povos da Palestina. Isso não é mudança de um estado em outro, mas a ruína deste e também do povo, pois pode acontecer que um membro da República, uma província seja exterminada, uma cidade arrasada, e morto todo o povo desta última, mas a República permaneça, como aconteceu com a cidade de Arzille no reino de Fez, que os ingleses arrasaram, passando todo o povo ao fio da espada, e com Sebaste no reino da Amásia, que Tamerlão rei dos tártaros tratou do mesmo modo. E a cidade de Bizâncio, membro do Império Romano, após ter sofrido durante três anos o cerco do imperador Severo, enfim foi tomada, saqueada, arrasada, todo o povo morto, e o território dado aos períntios, que nele construíram depois a cidade chamada de Constantinopla, hoje Istambul. A monarquia também tem isso de especial que os monarcas expulsos amiúde com violência uns pelos outros não mudam de estado. Foi o que em poucos meses ocorreu, de nossa memória, ao reino de Telesin, onde o rei Abuchemo foi expulso pelo povo e Abyamein eleito rei; este logo depois foi expulso por Ariadin Barba-Roxa, que dele não foi senhor muito tempo, pois tendo Abuchemo retornado com as forças de Carlos V imperador expulsou Barba-Roxa e exerceu cruel vingança de seus súditos, constituindo-se vassalo e tributário do imperador. Mas logo foi ele de imediato expulso por Barba--Roxa, sem que o estado de monarquia mudasse, não mais que o imperador romano, por ter tido quatro imperadores em um ano, um morto pelo outro. Não obstante permaneceu o estado de monarquia, pelo preço e prêmio do mais forte.

Eremita eleito e coroado rei contra sua vontade

 Às vezes o monarca é levado a ele por força, e contra sua vontade, como Cláudio e Gordiano, o Velho, foram levados e forçados a aceitar o Império Romano; e de nossa memória os habitantes de Trípoli na Berbéria, após terem se revoltado contra o rei de Túnis Jachia, elegeram Mucamen, que logo depois foi envenenado, e de repente forçaram um eremita a aceitar a coroa e o reino, que ele comandou contra sua vontade, até que Pedro de Navarra apoderou-se da cidade e capturou o rei, que foi enviado para a Sicília e depois enviado de volta à sua eremitagem pelo imperador Carlos V. E assim como os homens com frequência morrem antes de ter atingido a velhice, e outros na flor da idade, vários na juventude, assim também vemos algumas Repúblicas extinguirem-se antes de ter florescido em armas ou em leis; e algumas abortar ou morrer logo no seu nascimento, como a cidade de Munster, membro do Império da Alemanha, que foi desmembrada do Império pela facção dos anabatistas, sendo João de Leiden rei, que mudou o estado, as leis, a religião; e ele foi rei três anos, durante os quais foi sempre sitiado, até que a cidade foi conquistada e o rei executado publicamente.

O estado florescente de Roma foi no tempo de Papírio Cursor

Quando digo estado florescente de uma República, não pretendo dizer que ela tenha atingido o cúmulo da perfeição, pois não há nada perfeito nas coisas caducas, e menos ainda nas ações humanas do que em outra coisa que seja deste mundo; mas chamo de estado florescente o de uma República quando ela atinge o mais alto grau de sua perfeição e beleza, ou, melhor dizendo, quando ela é menos imperfeita, o que só pode ser conhecido após o declínio e mudança, ou a sua ruína, tal como os romanos experimentaram o estado real, tirânico, aristocrático e popular, porém jamais foram mais ilustres do que no estado popular, e o estado popular não floresceu então mais em armas e em leis do que no tempo de Papírio Cursor. *Illa aetate, quam nulla virtutum feracior fuit, nemo erat quo magis imnixa res Romana, qua in Papirio Cursore staret.* Eis o julgamento, diz Tito Lívio, que se fazia daquele tempo: pois jamais desde então a disciplina militar e doméstica, as leis e ordenanças não foram bem executadas, a fé bem guardada, sua religião mais santamente mantida, e os vícios mais severamente punidos; também não houve então homens mais valentes. Se me disserem que eram pobres, que não haviam ainda saído da Itália, eu digo que não se deve medir a virtude pelas riquezas, nem a perfeição de uma República pela extensão do país.

O Império de Roma não foi maior do que sob Trajano

Jamais foram os romanos mais poderosos, nem mais ricos, nem maiores do que sob o Império de Trajano, que atravessou o Eufrates, conquistou grande parte da Arábia Feliz, fez construir aquela grande ponte sobre o Danúbio, cujas ruínas ainda se vê, e domou as nações mais bárbaras e ferozes que existiam então; e não obstante a ambição, a avareza, as volúpias e delícias haviam vencido os romanos a tal ponto que não tinham senão sombra da antiga virtude. Também o estado florescente dos lacedemônios não foi sob os primeiros reis, nem sob o estado popular, mas após a derrota dos persas, até que se tornassem senhores da Grécia e abrissem as passagens de suas cidades para nelas fazer entrar o ouro e a prata. Eis as distinções que é preciso notar para melhor compreender as mudanças das Repúblicas das quais não falamos anteriormente. Quanto às causas das mudanças, embora haja várias pode-se reduzi-las a um certo número: a saber, quando a posteridade dos príncipes se extinguiu, os maiores entraram em guerra pelo estado; ou então a pobreza demasiado grande da maioria dos súditos, e as riquezas excessivas de poucas pessoas, ou a divisão desigual dos estados e das honras; ou então a ambição extrema de comandar; ou a vingança das injúrias; ou então a crueldade e opressão dos tiranos; ou o temor que se tem de ser castigado tendo merecido; ou então a mudança de leis ou de religião; ou então para gozar à vontade dos prazeres que se requer; ou então para expulsar aqueles que maculam o lugar de honra por volúpias excessivas e bestiais. Deduzirei essas causas por miúdo, e se preciso as esclarecerei por exemplos. Mostrei acima que as Repúblicas tiveram seu começo por tiranias violentas, e depois que umas continuaram como monarquias senhoriais, outras como monarquias reais por direito sucessório. Depois as mudanças diversas ocorreram pelas causas de que falei.

As primeiras monarquias começaram por violência

E que assim é, todas as histórias sacras e profanas estão de acordo que a primeira soberania e forma de República começou com a monarquia dos assírios e que o primeiro príncipe Nemrod, que a maioria chama de Nino, por violência e tirania se fez soberano, e depois dele seus sucessores continuaram a monarquia senhorial, atribuindo para si a inteira disposição dos súditos e de seus bens, até que Arbaces governador dos lacedemônios expulsou Sardanapalo último príncipe dos assírios e se fez rei sem forma nem semblante de eleição. A causa foi que Sardanapalo, estando dissoluto em prazeres e delícias, estava com mais frequência entre as mulheres que entre os homens, e não há coisa que os homens de coração suportam mais impacientemente do que se verem súditos de alguém que nada tem de homem a não ser o semblante. Vemos também que os príncipes lacedemônios descendentes de Artabazo, os reis da Pérsia, do Egito, dos hebreus, macedônios, coríntios, siciônios, atenienses, celtas, lacedemônios acederam por direito sucessório aos reinos e principados fundados em sua maioria por força e violência, e depois policiados pela justiça e pelas boas leis até que sua posteridade viesse a se extinguir, o que frequentemente provoca mudança de estado; de modo que os príncipes que abusam de seu poder e maltratam seus súditos são expulsos ou mortos,

Começo das aristocracias

E os súditos, temendo cair novamente em tirania se derem o poder soberano a um só, ou então não querendo tolerar comando de companheiro seu, fundam os estados aristocráticos, pouco se importando com o povo miúdo; e se houvesse alguns dentre os pobres e populares que quisessem também participar da senhoria, cantavam-lhes a fábula das lebres que queriam comandar os leões. Ou então se a monarquia passava a estado popular, não obstante os ricos ou nobres obtinham todos os estados e ofícios; como de fato Sólon, tendo fundado o estado popular, não quis que os pobres e o povo miúdo participassem dos estados; nem os romanos, que, tendo expulso os reis depois de ter estabelecido um estado popular, fizeram com que os estados e benefícios ficassem reservados à nobreza somente. Também lemos que, tendo sido expulsos os primeiros tiranos, os homens de armas e cavaleiros de fato eram sempre eleitos aos estados e o povo miúdo alijado, até que Aristides e Péricles em Atenas, Canuleio em Roma e outros tribunos abrissem a porta dos ofícios e benefícios a todos os súditos.

E desde então os povos, tendo descoberto à vista d'olhos e por longa sequência dos séculos percebido que as monarquias eram mais seguras, mais úteis e mais duráveis que os estados populares e as aristocracias, e entre as monarquias aquelas que eram fundadas no direito sucessório do varão mais próximo, receberam quase em todo o mundo as monarquias sucessórias; ou temendo a morte do monarca sem herdeiros varões, deram conselho aos príncipes que escolhessem um sucessor, como vários imperadores de Roma fizeram, e como se faz ainda hoje em vários lugares da África; ou então o direito de eleição permanece com o povo após a morte dos príncipes sem sucessores; ou então tendo poder de eleição, ainda que os príncipes tenham filhos varões, como os reinos da Polônia, Boêmia, Hungria, Dinamarca, Suécia, Noruega. Se os povos tiveram um cruel tirano, elegem um príncipe justo e piedoso; se tiveram um príncipe covarde ou efeminado, ou contemplativo, procuram um valente capitão, como fizeram os romanos, que, depois da morte do rei Numa (que não fez outra coisa senão regular a religião e a polícia), elegeram Túlio Hostílio bom capitão. E ocorre ordinariamente que aos mais fortes e cruéis tiranos sucedem os príncipes equânimes e justos, que, tendo visto o fim miserável dos tiranos e para não cair no mesmo inconveniente, são ensinados quando recebem a coroa por meio de lição passada por escrito que lhes retira o poder.

Os bons príncipes ordinariamente são sucessores dos tiranos

Assim vemos que depois do fim infeliz de Marco Antônio sucedeu o grande Augusto, que governou o Império florescente em armas e em leis com muita sabedoria e virtude; depois da morte miserável de Nero seguiu-se a bondade de Galba; depois do fim estranho do cruel Vitélio sucedeu o sábio Vespasiano; ao monstro Heliogábalo morto e arrastado da mesma forma que Vitélio sucedeu o virtuoso imperador Alexandre Severo, coisa bem estranha, haja vista que era seu primo-irmão, criado e alimentado ao lado dele, e que o poder de comandar com soberania tem isso de infeliz, pois faz amiúde o homem bom tornar-se mau, o humilde, arrogante, o compadecido, cruel, o valente, poltrão. E que príncipe foi mais bem alimentado e mais sábio nos primeiros anos senão Nero? Quem poderia se igualar ao começo de Tibério, que era tão honesto, tão sábio, tão virtuoso que parecia um simples cidadão, como diz Suetônio[2]? Pois falando ao senado ele disse: "Tive esta alegria de vos ter como mestres favoráveis, e enquanto viver reconhecer-vos-ei como bons

---

2 No Tibério.

senhores, pois é preciso que o bom príncipe seja escravo não apenas do senado, mas também de todos os cidadãos em geral, e com bastante frequência de cada um em particular", e não fazia nada no começo, nem mesmo as mínimas coisas, sem o parecer do senado; não obstante ele se tornou, depois de ter provado do poder soberano, o mais detestável tirano que já houvera então em crueldade e sujas volúpias. Também lemos que Herodes o velho reinou seis anos como rei justo, como diz Fílon, e trinta e um anos como tirano cruel, que mandou matar setenta senadores da casa de Davi, que compunham todo o senado com exceção de Semneas, e depois mandou matar a mais nobre mulher que teve e três de seus filhos, e deu ordem de matar todos os maiores e mais virtuosos homens de todo o país pouco depois de sua morte, a fim de que fosse pranteado.

Destaquei estes dentre vários outros: aqueles cujo começo era belo demais para continuar por muito tempo. A razão, na minha opinião, é que o príncipe que se mostra no começo tão sábio e virtuoso dissimula-se colocando um belo véu sobre seu rosto, como se dizia que Tibério fazia melhor que qualquer homem da sociedade. Ora, nada se deve esperar senão fingimento daquele que se tornou mestre de seu rosto, mas aquele que descobre logo a imperfeição que tem, embora não seja sábio, não pode ser muito mau, e pode-se esperar que seja franco e íntegro. Assim se dizia de João rei da França que tinha o coração tão generoso que não podia ver aquele que lhe desagradava, e por isso nunca se observou da parte dele um gesto traiçoeiro. Não devemos portanto nos espantar que haja poucos príncipes virtuosos, pois se há poucos homens virtuosos e desse pequeno número os príncipes ordinariamente não são escolhidos, é grande maravilha que haja algum bastante excelente entre vários; e quando ele se vê alçado tão alto que não conhece nada maior do que ele a não ser Deus, estando cercado de todos as tentações que fazem tropeçar os mais seguros, é um milagre se permanecer em posse de sua virtude.

A bondade dos reis faz com que seus filhos sejam amados, embora sejam tiranos

Também o esplendor da justiça estando num príncipe como numa alta torre é tão claro que reluz ainda por muito tempo depois de sua morte, e faz com que seus filhos, embora sejam maus, sejam amados pela memória do pai; como Cambises cruel e mau foi sempre amado e adorado pelos súditos e temido pelos outros, pelo amor do grande Ciro seu pai, cujo amor e afeição estavam tão bem gravados no coração do povo que eles amavam até, como diz Plutarco, os narizes grandes e aquilinos porque o de Ciro era assim. E o imperador Cômodo, embora fosse cruel tirano e tivesse um dia ordenado ao grande preboste de Roma que mandasse matar todos os espectadores do teatro, que não eram menos de 60 mil pessoas, tendo-os visto rir daquilo que fazia tão destramente o estado de um verdadeiro gladiador, não obstante foi sempre amado pelo amor que se tinha à memória de Marco Aurélio seu pai. É por isso que as Repúblicas não incorrem mudança pela tirania do príncipe se este for filho de pai virtuoso, pois seu estado é como uma árvore muito grande, que tem tantas raízes quanto galhos. Mas o novo príncipe sem predecessor é como a árvore alta que cresce sem raiz e que deve sua ruína ao primeiro vento impetuoso, de modo que se o sucessor e filho de um tirano seguir os passos do pai ele e seu estado correm grave perigo de sofrer mudança, pois o filho não tem garantia alguma e é malquisto, tanto pela sua vida má quanto pela de seu pai; e se ele não tiver apoio de seus vizinhos, ou não for bem apoiado por suas tropas, ou se seu estado não for fundado sobre um direito sucessório de vários reis, é difícil que ele não seja alijado.

Um novo rei de baixa extração dificilmente se mantém se não for bastante sábio e virtuoso

Disse direito sucessório de vários reis porque a virtude de um príncipe novo não basta para garantir seu filho tirano em seu estado, sem que sofra mudança, como ocorreu com Hierosmo rei da Sicília, que sucedeu a Hieron seu antepassado príncipe novo e que de súdito se fez soberano cuja virtude era tão grande que ele parecia digno de ser monarca, quando na verdade não passava de simples burguês, tal como diz Plutarco, e que tratou tão brandamente os súditos que manteve seu estado por quase sessenta anos, sem espalhafato e sem guarda, assegurando-se mais do amor dos seus que do poder dos romanos, que o prezavam mais do que todos os seus aliados; e embora seu sucessor tenha realçado seu estado, suas guardas, suas forças, suas pompas antes desconhecidas, foi tão odiado por sua tirania, seu desprezo dos súditos e sua arrogância insuportável quanto seu predecessor foi amado[3]; e para cúmulo de sua desgraça não prestou contas ao senado de seu país, ao qual seu antepassado havia sempre pedido conselho; e depois de ter deixado a aliança dos romanos, que era o único apoio de sua casa, foi morto cruelmente por seus súditos junto com todos seus parentes e amigos, e a monarquia logo em seguida transformada em estado popular.

Aconteceu o mesmo com o jovem Dionísio, príncipe do mesmo país e filho de Dionísio, o Velho, que havia também usurpado o estado pela força e continuado a tirania sem apoio nem aliança de príncipe algum: tão logo declarou-se inimigo de Díon seu tio, foi expulso, e a monarquia logo depois transformada em estado popular. Lemos igualmente que Herodes, o velho[4], filho de Antípater simples capitão, alçado a rei da Judeia sob a proteção e com o favor de César, e reconduzido por Marco Antônio e Augusto, erigiu várias fortalezas para assegurar seu estado, e para conquistar o coração dos súditos empregou todos os seus tesouros, até a louça para aliviar a pobreza do povo miúdo no tempo da fome, e abateu a terça parte dos encargos. E sabendo que com tudo isso não ganharia nada, tomou o juramento de fidelidade dos súditos, conquistando os maiores por favores e benfeitorias, e não obstante era tão odiado pelos súditos que, tendo adoecido, soube que todos se regozijavam. Porém, os judeus depois de sua morte enviaram cinquenta embaixadores a Roma para ser súditos dos romanos, embora o imperador Augusto favorecesse Herodes, tendo recebido novecentos mil escudos pelo testamento deste último, de modo que os sucessores de Herodes e todos os seus parentes, que eram em número bastante grande, faleceram todos em pobre estado, em menos de sessenta anos, porque ele não tinha predecessores reis e porque sua proeza e vigor faltavam nos seus sucessores. Ora, tais mudanças ocorrem antes se o tirano é demasiado taxador, ou cruel, ou efeminado em volúpias ilícitas, ou se é tudo isso junto, como eram Nero, Tibério, Calígula.

Mas a devassidão arruinou mais príncipes que todas as outras causas. Por isso ela é muito mais perigosa para um príncipe para seu estado do que a crueldade, pois a crueldade mantém os homens tímidos e covardes, e inspira terror nos súditos. Mas a devassidão provoca ódio e desprezo pelo tirano, na medida em que cada um julga que o homem efeminado tem sempre o

---

[3] Lívio liv. 24.
[4] Josefo, Guerra dos Judeus.

coração covarde, e que ele é indigno de comandar todo um povo, não tendo poder sobre si mesmo. Também se vê que Sardanapalo rei da Assíria, Canades rei da Pérsia, Dionísio o moço e Hierosmo reis da Sicília, Heliogábalo, Amintas, Childerico, Periandro, Pisístrato, Tarquínio, Aristócrata rei dos messênios, Timócrates rei de Cirene, Andrônico imperador de Constantinopla, Roderico de Espanha, Ápio Cláudio, Galeazzo Sforza, Alexandre de Médici, o cardeal Petrucci tirano de Siena, Lugtac e Megal reis da Escócia, todos perderam seus estados por causa de sua devassidão, e a maioria deles foi morta imediatamente. E não faz muito tempo que as cidades Dalmendin e Delmedine foram desmembradas do reino de Fez e submetidas ao poder dos portugueses por causa de uma filha raptada do marido pelo governador, que depois foi morto. E Abusahid rei de Fez foi massacrado com seis de seus filhos por um secretário seu por ter abusado de sua mulher, como lemos em Leão, o Africano. E de nossa memória o povo de Constantine preferiu sofrer o comando de Delcaied cristão renegado a obedecer ao filho do rei de Túnis. E pelo mesmo motivo Muleasses rei de Túnis perdeu seu estado, e não obstante era ele tão dissoluto em delícias que, mesmo retornando da Alemanha sem esperança de que o imperador Carlos V lhe desse qualquer ajuda, e tendo sido banido de seu reino, gastava até cem escudos para decorar uma capa, como diz Paul Jove, e para melhor gozar o prazer da música fazia vendar-se os olhos. Todavia o julgamento de Deus foi tal que seus filhos o cegaram com uma barra de ferro quente.

Por que a devassidão arruinou mais príncipes que a crueldade

Mas por causa da crueldade de um príncipe o estado não mudará com facilidade se ele não for mais cruel que as feras selvagens; como Fálaris, Alexandre Fereu, Nero, Vitélio, Domiciano, Cômodo, Caracala, Maximiano, Ecelino de Pádua, João Maria de Milão, que foram todos mortos ou expulsos, e seus estados tirânicos em sua maioria transformados em estados populares. O que ocorre não tanto pela crueldade para com o povo miúdo (o qual não é levado em consideração no estado tirânico) quanto pela crueldade cometida contra a pessoa dos grandes e dos melhores aliados, e às vezes também pela contumélia, que é mais odiosa às pessoas de honra que a crueldade. Foi o que aconteceu com o rei Childerico, que foi morto junto com sua mulher grávida por Bodilo, que ele havia mandado vergastar. E Justino III imperador foi morto por Atelie general de seu exército, cujo filho ele havia matado e cuja mulher ele havia prostituído por contumélia. E pelo mesmo motivo Arquelau rei da Macedônia foi morto por aquele que ele havia colocado entre as mãos do poeta Eurípides para chicoteá-lo, e o estado aristocrático de Metelin foi transformado em popular porque aconteceu que alguns gentis-homens andassem pelas ruas batendo a golpes de bastão por pilhéria todos aqueles que encontrassem[5]. Houve um Mégacles que tomou esta ocasião para comover a comunidade e lançar-se sobre a nobreza para matá-la. E a ocasião que se tomou para expulsar Henrique rei da Suécia foi que ele matara com um golpe de adaga um gentil-homem que lhe fizera uma demanda; então a nobreza e o povo comovidos o fizeram prisioneiro e deram o reino a seu jovem irmão, que hoje reina.

Quase sempre os assassinos dos tiranos tomaram para si o estado ou os mais altos magistrados como penhor de seus feitos; como ambos Brutus tomou para si os maiores estados de Roma: o primeiro por ter expulso o rei Tarquínio, o segundo por ter matado César. E Arbaces governador dos lacedemônios, tendo reduzido Sardanapalo rei da Assíria a tal extremo que este se queimou vivo com suas mulheres e tesouros, como recompensa obteve o reino. E Luís de Gonzaga que matou Bonacolsi tirano de Mântua foi eleito senhor pelos súditos, e sua posteridade há duzentos e cinquenta anos continua no estado. E os venezianos obtiveram a senhoria de Pádua, tendo matado o tirano Ecelino. Os outros nada têm senão a vingança diante dos olhos, não têm nem temor a Deus nem respeito pela pátria, nem amor por seus pais, como aquele que, para se vingar do rei Roderico que havia raptado sua mulher, trouxe para a Espanha os mouros maometanos, que expulsaram o rei e praticaram cem mil crueldades após terem se apoderado da Espanha, que mantiveram por setecentos anos. E às vezes a ambição é tão grande que os assassinos dos tiranos não esperam e aspiram a outra recompensa além da honra, bem sabendo que não poderão escapar à morte, como Harmódio e Aristogíton em Atenas, e os assassinos de Domiciano e de Calígula imperadores. Coisa que ocorre com mais frequência nos estados populares, onde os tiranos novos, se não tiverem grande força, nunca estão em segurança.

---

[5] Aristóteles, Política liv. 5 cap. 10.

Recompensas daqueles que mataram tiranos

Viu-se Alexandre de Médici, a quem foi dado o estado de Florença por ser genro do imperador Carlos V sobrinho do papa Clemente, cercado de forte guarnição e sempre armado, de modo que parecia não haver meio de superá-lo. Não obstante seu próprio primo Lourenço de Médici, que comandou depois dele com todo o poder, para desarmá-lo fingiu querer subornar sua própria irmã e fazer com que ela se deitasse com ele para matá-lo, sem outra esperança de obter o estado, e pondo sua vida em perigo extremo se não tivesse escapado de repente após o golpe (embora tenha sido depois morto em Veneza); e não esperava outro fruto do assassínio de seu parente próximo e amigo familiar além de devolver a liberdade ao povo. Seu sucessor Cosme, tendo usurpado o estado com força e poder, embora se dissesse dele que era um dos mais sábios príncipes de sua época, não muito tempo antes dele, punindo com todo rigor as blasfêmias, as sodomias e os assassinatos, e que era com relação à justiça reto e íntegro, até mesmo no trato com seus inimigos. Não obstante, ele esteve cem vezes em perigo de sua pessoa pelas conjuras contra ele urdidas por seus súditos, que não podiam suportar do senhor, mesmo que fosse justo e virtuoso. E depois que seu sucessor adveio ao estado, ele já descobriu várias conjurações contra sua pessoa e seu estado. Por esse motivo Dionísio de Siracusa, que havia sido eleito capitão, se fez senhor e transformou o estado popular em monarquia, mas ele tinha quarenta mil homens d'armas sempre prontos a marchar, e forte guarnição em torno de sua pessoa, além de várias fortalezas para manter somente o povo de Siracusa e parte da Sicília em sujeição. Mesmo assim ele não era tirano tal como chamamos os tiranos, quer dizer, cruel, vicioso e mau, e nunca foi atraído por mulher de outrem. Muito pelo contrário, ele censurou com bastante severidade seu filho, como diz Plutarco, por ter raptado a filha de um dos seus súditos, dizendo que jamais teria sucessor no estado se continuasse a agir assim, como de fato ocorreu, pois ele foi expulso logo após a morte do pai.

Se me dizem que a força e o temor são dois maus senhores para se manter um estado, é bem verdade; mas é preciso agir assim com o novo príncipe que pela força transforma o estado popular em monarquia, coisa que é em todo contrária à monarquia real, que quanto menos tem guardas mais está garantida; é por isso que o sábio rei Numa expulsou os trezentos arqueiros que Rômulo tinha para sua guarda, dizendo que não queria desconfiar de um povo que havia confiado nele, nem comandar um povo que desconfiasse dele. Mas Sérvio, que de escravo se fez rei, cercou-se de bons guardas, pois por mais justo, suave e gracioso que fosse, é impossível que se mantivesse longamente sem forças, guarnições e fortalezas. E já houve príncipe mais gracioso, mais magnífico, mais nobre, mais generoso e benigno que César? E mesmo assim todas essas grandes virtudes não puderam preservá-lo nem garanti-lo contra seu próprio filho natural que, com vários outros conjurados, o assassinou cruelmente[6]. Quando se lhe aconselhou que mantivesse guardas em torno de sua pessoa, ele respondeu francamente que preferia ser morto de uma vez a esperar sempre com temor; e tampouco podia falhar, tendo perdoado seus maiores inimigos e querendo transformar em monarquia a liberdade do povo mais belicoso que já existira.

Augusto de fato era verdadeiro monarca

Seu sucessor Augusto não agiu assim, pois primeiramente mandou matar todos os conjurados de César sem piedade alguma (não tanto para vingar a morte de seu tio, como ele dizia, quanto para preservar sua vida) e reuniu em torno de sua pessoa bons guardas; e após a derrota de Marco Antônio ele manteve quarenta legiões nas províncias e governos das fronteiras, das quais dispunha a seu prazer; e designou ao governo destas, não grandes senhores, mas outros menos nobres, entregando à disposição do povo e do senado a instituição de alguns magistrados e a outorga das mínimas províncias; o que fazia em aparência, pois de fato ele dispunha de tudo, tomando pela mão e recomendando ao povo aqueles que ele queria instituir nos estados e nas honras; e punha-se sem trégua a fazer justiça, receber e atender os pedidos de cada um; e ele mesmo tinha os registros das finanças, das forças e de todo o estado diante dos olhos, redigindo respostas aos governadores de próprio punho, se a coisa assim merecesse; mantendo todavia sempre as forças de todo o Império sob seu poder, e junto de sua pessoa três legiões. No que aparece com bastante evidência que ele era o único monarca e príncipe soberano, apesar da bela qualidade de príncipe que se desse a uns e outros em aparência. E a fim de assegurar os grandes senhores confiscadores e os

---

6 Plutarco, César.

financistas nos seus bens, e de servir-se deles quando necessário, ele queimou todo o patrimônio restante daqueles que, após o fechamento de suas contas, haviam ficado em dívida com a República, e adjudicou aos possessores o que lhes havia sido colocado em dúvida pela República. Apesar de tanto poder, de tanta sabedoria e justiça que tinha esse grande príncipe, tenderam-lhe várias emboscadas, embora os mais furiosos tenham sido mortos; mas como os súditos conheceram pouco a pouco sua justiça e sua sabedoria, e provaram a suavidade de uma alta paz e de uma tranquilidade assegurada, em vez das cruéis e sangrentas guerras civis, e como lidavam mais com um pai do que com um senhor, como diz Sêneca, eles começaram a amá-lo e reverenciá-lo; e ele, por sua vez, dispensou seus guardas, dirigindo-se ora à casa de um, ora à de outro sem companhia; e lançou os fundamentos da monarquia com o sucesso mais feliz que já conheceu um príncipe.

Os estados populares transformam-se ordinariamente em monarquia pelo poder demasiado grande dado a um magistrado

Ora, quase todas as monarquias recém-estabelecidas pela mudança de aristocracia ou de estado popular tiveram seu começo no momento em que um dos magistrados ou capitães ou governadores, tendo a força em mãos, transformou-se de companheiro em senhor ou soberano; ou quando o estrangeiro submeteu-as; ou então quando voluntariamente se submeteram às leis e aos comandos de outrem. Quanto ao primeiro ponto, que é a mudança mais comum, temos bastantes exemplos, como os pisistratidas em Atenas, os cipselídeos em Corinto, Trasíbulo, Gélio, Dionísio, Hieron, Agátocles em Siracusa, Panécio e Icete na Leôncia, Fálaris em Agrigento, Fídon em Argos, Periandro em Ambrace, Arquelau na Cândia, Evágoras em Chipre, Polícrates em Samos, Anaxilau em Reges, Nicocles em Sicião, Alexandre em Feras, Mamerco na Catânia, os dez comissários em Roma e depois deles Sula e César, a casa de Escale em Verona, os Bentivoglio em Bolonha, os Manfredi em Faenza, os Malatesta em Rimini, os Baglioni em Perúsia, os Vitelli em Tiferno, os Sforza no ducado de Milão e vários outros, que de simples capitães e governadores se fizeram senhores pela força.

Em matéria de estado é senhor da República aquele que é senhor da força

Pois em matéria de estado pode-se ter por máxima indubitável que é senhor do estado aquele que é senhor das forças. Eis por que nas Repúblicas aristocráticas e populares bem ordenadas as grandes honras são outorgadas sem nenhum poder de comandar, e aqueles que têm mais poder nada podem comandar sem companheiro; ou, então, se é impossível dividir o comando entre várias pessoas, como é muito perigoso fazer em tempo de guerra, o tempo da comissão ou do magistrado é curto. Assim faziam os romanos colocando dois cônsules, e os cartagineses dois *suffetes*, que tinham poder de comandar cada um num dia. Pois embora a dissensão, que é corriqueira entre aqueles que são iguais em poder, impede às vezes a execução das coisas úteis, de modo que tal República não está tão exposta a ser transformada em monarquia como se houvesse apenas um magistrado soberano, como o grande arconte de Atenas, o prítane dos Ródios, o capitão dos aqueus e dos etólios, o gonfaloneiro dos florentinos, o duque de Gênova. Pelo mesmo motivo, o ditador em Roma durava somente tanto quanto o cargo exigia, o que não passava nunca de seis meses no máximo, e às vezes durou apenas um dia. E uma vez o prazo expirado, o poder de comandar cessava; e se o ditador retinha as forças por mais tempo, ele podia ser acusado de lesa-majestade. Até mesmo em Tebas, enquanto o estado foi popular, a lei queria que o general do exército fosse posto à morte se tivesse retido a força por um dia a mais que seu tempo, o que foi a causa pela qual o capitão Epaminondas e Pelópidas foram condenados à morte, por ter retido a força quatro meses depois do tempo, embora a necessidade os houvesse coagido a assim fazer. E pelo mesmo motivo quase todos os magistrados eram anuais nas Repúblicas populares e aristocráticas. E ainda em Veneza os seis conselheiros de estado, que assistiam o doge, não ficam mais que dois meses no cargo; e aquele que tinha a guarda da principal fortaleza de Atenas tinha as chaves apenas por um dia; não mais que o capitão do castelo de Ragusa, que é escolhido por sorteio e levado com a cabeça envolta ao castelo.

E deve-se observar tanto quanto possível que as leis e ordenanças no que tange ao tempo dos magistrados não sejam mudadas, nem seu encargo prorrogado, se a necessidade não for bem grande; como os romanos fizeram com Camilo, cuja ditadura foi prorrogada por seis meses, o que antes não havia sido outorgado a ninguém. E até pela Lei Semprônia foi estritamente proibido que os governos e províncias fossem outorgados por mais de cinco anos. E se a lei tivesse sido observada, César não teria se apoderado do estado, como o fez tendo obtido o governo das Gálias por cinco anos a mais do que mandava a ordenança, a qual foi derrogada por consideração a ele. Isso foi um erro notável, visto que se tratava do homem mais ambicioso que já existiu, e que fundou tão bem seu poder para continuá-lo que deu uma vez ao cônsul Paulo novecentos mil escudos para que este não se opusesse às suas empreitadas, e ao tribuno Cúrio um milhão e meio de escudos para apoiá-lo. Além disso se lhe deram dez legiões salariadas enquanto fizesse guerra. Esse grande poder estava unido ao coração mais audaz que havia então, e o mais valoroso que já houve, e de tão nobre casa que ele ousou até dizer diante do povo romano que descendia de deuses pelo lado paterno, e de reis do lado materno; e tão sóbrio que seu inimigo Catão dizia que não houvera tirano mais sóbrio do que esse; e tão vigilante que Cícero, que conjurou sua morte, chamou-o numa epístola de monstro de prudência e de diligência incrível[7]; e ademais magnífico e popular como jamais houve; e que não poupava nada em jogos, torneios, festins, larguezas e outras iscas do povo; e assim fazendo, angariava o favor do povo miúdo às custas do público, e ganhava a honra de homem gracioso e caridoso para com os pobres. E não obstante tendo ganho por esse meio a soberania, ele só pensou em corroer as forças do povo e lhe retirar os privilégios, pois de trezentos e vinte mil cidadãos que tomavam trigo do público ele só reteve cento e cinquenta mil e enviou oitenta mil cidadãos além-mar para diversas colônias, e aboliu a maioria das confrarias, corpos e colégios. De fato, sempre se viu em todas as mudanças de República que foram arruinados aqueles que deram demasiado poder aos súditos para elevar-se, o que era o lema do imperador Juliano, que acreditava que se arrancariam as penas da águia para colá-las nas flechas com as quais seria alvejada. Assim são os governadores e magistrados soberanos dos estados populares, principalmente quando se dá um poder demasiado grande àquele que tem o coração alto e ambicioso.

Eis o que se devia dizer quanto à causa da mudança do estado popular em monarquia quando um dos súditos se faz senhor. Mas a mudança do estado popular em aristocracia ocorre ordinariamente quando se perde alguma grande batalha, ou quando a República sofre alguma perda notável por parte

---

[7] *Ad Atticum.*

dos inimigos; e ao contrário o estado popular fortifica-se e assegura-se quando obtém alguma vitória. Isso pode ser visto em duas Repúblicas de um mesmo tempo, a saber Atenas e Siracusa. Os atenienses, vencidos pelos siracusanos por erro do capitão Nícias, passaram imediatamente de estado popular para aristocracia de quatrocentos homens, que no entanto se chamavam os cinco mil, por artimanha de Pisandro. E quando o povo miúdo quis resistir foi repelido pela força que os quatrocentos tinham em mãos, tendo estes matado várias pessoas, o que espantou as demais. E os siracusanos, enfatuados por sua vitória, passaram de aristocracia a estado popular[8]. E algum tempo depois os atenienses, que tinham ouvido a notícia da vitória de Alcibíades contra os lacedemônios, expulsaram e mataram os quatrocentos senhores e transformaram a aristocracia em estado popular sob a condução de Trasíbulo. Também os tebanos, depois da jornada dos enofitas, que eles perderam, transformaram o estado popular em aristocracia. E embora os romanos tivessem perdido duas batalhas contra Pirro, não abandonaram o estado popular, de modo que então havia de fato uma bela aristocracia de trezentos senadores que governavam o estado, em aparência um estado popular, pois o povo nunca foi tão dócil nem tão tratável como era então. Mas tão logo os romanos conquistaram o estado de Tarento, o povo levantou os chifres e pediu para receber em partilha as heranças que a nobreza havia ocupado. Contudo, depois que Aníbal reduziu o estado dos romanos ao extremo o povo tornou-se tão humilde quanto possível, e depois que os cartagineses foram vencidos, o reino da Macedônia arruinado e Antíoco derrotado, não se lhe podia mais segurar as rédeas.

    Lemos também que os florentinos, tendo notícia da tomada de Roma e do papa Clemente, que havia transformado o estado de Florença em oligarquia, sublevaram-se prontamente, e depois de ter expulso, matado, banido os partidários dos Médici, arrancado suas estátuas, riscado seus brasões, apagado seus nomes por toda a cidade, restabeleceram o estado popular. E depois que os cantões da Suíça derrotaram a nobreza na jornada de Sampac, que ocorreu no ano de 1377, não se teve mais notícia de aristocracia, nem de reconhecer o Império de qualquer maneira. O motivo dessa mudança é a inconstância e temeridade de um populacho sem nenhum discurso nem julgamento, e mutável conforme o vento. E assim como ele se espanta com uma perda também torna-se insuportável após sua vitória, e não tem inimigo

---

[8] Xenofonte; Plutarco, Nícias e Alcibíades.

mais capital que o sucesso feliz de seus negócios, nem mais sábio mestre que aquele que o segura fortemente pelas rédeas, a saber o inimigo vencedor. Então os mais sábios e os ricos, sobre os quais o acaso do perigo deve recair, vendo as tormentas e tempestades de todos os lados, tomam o leme abandonado do povo, de modo que o único meio de manter o estado popular é fazer a guerra e forjar inimigos se não os há.

As guerras contra os inimigos são necessárias para manter os estados populares

Foi a razão principal que moveu Cipião o jovem a impedir tanto quanto pôde que a cidade de Cartago fosse arrasada; prevendo sabiamente que se o povo romano, guerreiro e belicoso, não tivesse mais inimigos, era inevitável que fizesse guerra a si mesmo. E pelo mesmo motivo Onomadesme capitão em chefe da República de Quios, tendo pacificado a guerra civil e expulsado os mais amotinados, não quis banir os outros, embora quisessem persuadi-lo de fazê-lo, dizendo que havia perigo de, após ter expulso todos os inimigos, fazer-se guerra aos amigos, como diz Plutarco. Todavia essa razão, que vale para os inimigos estrangeiros, não seria aceitável entre os cidadãos; e não obstante ele fez o que devia, pois aquele que tem a vantagem na guerra civil, se bane todos os partidários da facção contrária à sua, não tem mais reféns se os banidos lhe movem novas guerras; mas, tendo matado os mais furiosos e banido os mais amotinados, ele deve reter o restante; de outro modo, é de se temer que todos os banidos, empenhados na guerra sem temer por seus amigos, arruínem seus inimigos e transformem o estado popular em aristocracia, como aconteceu com os heracleenses, os cumanos e os megareus, que foram transformadas de populares em aristocracias porque o povo havia inteiramente expulso a nobreza, que reagrupou suas forças e, tendo tomado essas três Repúblicas, retirou o poder do povo. Todavia a mudança do estado popular em monarquia é mais corriqueira, se ocorre por guerra civil ou pela ignorância do povo, que dá demasiado poder a um dos súditos, como eu disse acima. E por esse motivo Cícero dizia, *Ex victoria cum multa, tum certe tyrannis existit*, ao falar da guerra civil entre César e Pompeu.

Por que a mudança de tirania em estado popular é a mais frequente

E, ao contrário, a mudança da tirania, que ocorre por guerra civil, se faz ordinariamente para estado popular, pois o povo que nunca tem mediocridade[9], tendo afastado a tirania pelo ódio que tem dos tiranos e pelo temor que o impede de nela recair, torna-se tão apaixonado que corre de um extremo ao outro a rédeas soltas. Foi o que ocorreu em Atenas após a morte dos pisistratidas e em Florença depois que o duque de Atenas (que depois morreu condestável na jornada de Poitiers) foi expulso. Em Milão, depois que o tirano Galvagno foi despojado de seu estado, a República foi governada popularmente durante cinquenta anos até que de estado popular foi transformada em tirania pelos Torriani. O mesmo ocorreu em Roma depois que Tarquínio, o Soberbo, foi expulso. E na Suíça, depois que os vigários do Império foram mortos, os súditos estabeleceram o estado popular, que dura até o presente e continua há duzentos e sessenta anos. Vê-se que coisa semelhante ocorreu em Siracusa depois que Dionísio o tirano foi expulso, na Tessália depois que Alexandre tirano dos fereus foi morto. E em Siena, depois que Alexandre Dichi novo tirano foi morto por Jerônimo Severino e os partidários de *Monte novo* foram expulsos, mortos e banidos, o povo tomou a senhoria. E não há dúvida que os florentinos, após o assassinato de Alexandre de Médici novo tirano de Florença, teriam restabelecido o estado popular se Cosme não tivesse tido a força em mãos.

Eu disse que a mudança de estado popular para tirania é ordinária quando ocorre por guerra civil, pois se o inimigo estrangeiro se faz senhor de um estado popular ele o reúne ao seu, ou então ele o torna semelhante ao seu, deixando-lhe seu próprio governo, como faziam os lacedemônios, que transformavam todos os estados populares em aristocracias, e os atenienses, todos os estados aristocráticos em populares, quando uns ou outros haviam conquistado outros povos. Por isso é preciso notar a diferença entre as mudanças externas e internas. E às vezes também o povo é tão bizarro que é quase impossível mantê-lo num estado sem que logo em seguida ele esteja entediado. Assim se pode dizer dos antigos atenienses, megareus, sâmios, siracusanos, florentinos e genebrinos, os quais, após ter mudado de um estado, queriam outro. Essa doença ocorre com mais frequência nos estados populares, onde

---
[9] [N.T.]: No sentido de "moderação".

os súditos têm o espírito demasiado sutil, como eram esses que mencionei, pois então cada um pensa ser digno de comandar. Se os súditos são mais grosseiros suportam com mais facilidade serem comandados e se rendem mais facilmente às deliberações que aqueles que subtilizam tanto as razões que elas se dissipam em fumaça, e que por ambição não querem nunca ceder um ao outro; daí vem a ruína de um estado. Pode-se ver facilmente em Tucídides, Xenofonte e Plutarco que os atenienses, em menos de cem anos, mudaram seis vezes de estado, e os florentinos sete vezes, o que não aconteceu com os venezianos, que não têm o espírito tão sutil.

As mudanças estranhas do estado de Florença

Sabe-se suficientemente quantos bons e gentis espíritos o país florentino produziu, e que diferença existe entre os florentinos e os suíços; e não obstante vê-se que, desses dois povos que mudaram de monarquia para estado popular há trezentos e sessenta anos, os suíços se mantiveram no estado popular e os florentinos logo depois passaram à aristocracia, pois como a nobreza não podia ver os artesãos igualarem-se a ela, e os nobres não podiam suportar uns aos outros, enfraqueceram-se tanto que os maiores do povo expulsaram e baniram o excedente. E desde então estes tomaram em mãos o leme e entabularam logo parcialidades e guerras civis, de modo que os médios (pois eles compunham três estados de plebeus) lhes retiraram o poder; e não tardou muito para que entrassem em guerra civil, o que deu oportunidade ao rebotalho do povo de expulsá-los e de matar a maioria deles. O populacho, tendo-se feito senhor e não tendo mais inimigos, dedicou-se a si mesmo e fez-se guerra tão cruelmente que o sangue corria pelas ruas e as casas em sua maioria foram queimadas, de modo que os luqueses tendo piedade deles vieram apartá-los. Foi decidido enviar embaixada ao Papa para enviar-lhes um príncipe de sangue real. No bom momento se encontrava então em Roma Carlos de França, irmão de Luís IX, que lhes foi enviado e entre cujas mãos eles renderam as armas e a obediência voluntária. Mas como ele estava distraído para conhecer o reino de Nápoles, tão logo ele partiu os florentinos restabeleceram o estado popular e recaíram na guerra civil. Para remediá-la de imediato eles mandaram buscar o duque de Atenas, ao qual deram a soberania. Não obstante, antes que o ano tivesse findo, enfastiaram-se tanto dele que levantaram contra ele três conjurações e o atacaram tão vivamente que ele teve muita sorte de ter escapado com vida. E recomeçaram a mudar para outro estado, depois para outro, encontrando sempre novos nomes para os oficiais e magistrados. E não paravam de mudar e remudar, como um doente que se faz carregar de um leito para outro, crendo fugir ao mal que o agarra pelas entranhas de seu corpo. Assim a doença da ambição e da sedição nunca parou de atormentá-los, até que encontraram um médico que os curou de todos esses males, estabelecendo uma monarquia, com três fortalezas na cidade e boas guarnições, e desse modo os manteve durante quarenta anos.

Eis em breve a história das mudanças ocorridas no estado de Florença, que não seria crível se os próprios florentinos não a tivessem deitado por escrito. Vemos semelhantes tragédias representadas pelos povos da África (que superam os da Europa em sutileza de espírito) quando tiveram o estado popular; citarei apenas um ou dois exemplos entre vários, a saber dos habitantes de Senelmessa no reino de Bugie, os quais se revoltaram contra seu rei e estabeleceram um estado popular, e pouco depois entraram em facções e guerras civis tão cruéis que, não podendo suportar senhor algum, nem tolerar uns aos outros, de comum acordo arrasaram todas as casas e as muralhas da cidade para serem reis nos campos, cada qual na sua casa à parte; e o povo de Togoda, cidade na fronteira do reino de Fez, não podendo suportar a aristocracia da nobreza, deixou o país. Também os povos da África, conhecendo seu natural e os perigos do estado popular, governam-se quase todos na forma de monarquia. E embora os estados aristocráticos sejam mais assegurados que os populares e mais duráveis, de modo que os senhores correm duplo perigo se não estiverem de acordo: um é o da facção entre eles, o outro é o da rebelião do povo; se eles entram em guerra entre si, o povo não deixará de avançar sobre eles, como mostramos acerca dos florentinos; e coisa semelhante ocorreu em Siena, em Gênova, e em várias outras Repúblicas da Alemanha, assim como ocorreu durante a guerra peloponésia em todas as cidades da Grécia que eram governadas pela nobreza ou pelos ricos.

É perigoso para as aristocracias nas quais há poucos senhores para receber todos os estrangeiros

O que é ainda mais perigoso, quando os senhores fazem abertura a todos os estrangeiros para que venham morar no seu país, que pouco a pouco se multiplicam e, não tendo parte entre os magistrados, são sobrecarregados ou maltratados pelos senhores, à menor oportunidade sublevam-se e expulsam os senhores naturais, como ocorreu em Siena, em Gênova, em Zurique, em Colônia, onde os estrangeiros se multiplicaram e, vendo-se sobrecarregados e maltratados, sem ter parte nos estados, expulsaram os senhores e mataram a maioria deles; e até aqueles de Lindawe, depois de ter morto os senhores, transformaram a aristocracia em estado popular, como fizeram também os habitantes de Estrasburgo, que, tendo horror à aristocracia, que transformaram em democracia, depois de ter banido, expulso, morto os senhores, não toleram que ninguém possa ter os grandes estados e cargos públicos se não for verificado que seu antepassado era plebeu. O que não é coisa nova: pois lemos que os estrangeiros na República de Corfu multiplicaram-se tanto que no fim apanharam todos os gentis-homens, constituíram-nos prisioneiros, massacraram-nos todos na prisão e transformaram o estado aristocrático em popular. Coisa semelhante ocorreu[10] nas Repúblicas aristocráticas dos sâmios, sibaritas, trezênios, anfipolitas, calcíacos, turinos, cnídios e dos de Quios, que foram transformadas em populares pelos estrangeiros, que delas alijaram os naturais senhores.

Quantidade dos habitantes de Veneza

Tal é a coisa que mais se deve temer no estado de Veneza, que mostramos ser uma pura aristocracia, e a chegada de todos os estrangeiros, que tanto se multiplicaram que, para cada gentil-homem veneziano, há cem citadinos tanto nobres quanto plebeus oriundos de estrangeiros; o que pode ser verificado pela quantidade deles que foi levantada há vinte anos, aproximadamente. Encontrou-se cinquenta e nove mil trezentos e quarenta e nove citadinos acima de vinte anos, sessenta e sete mil quinhentos e cinquenta e sete mulheres, dois mil cento e oitenta e cinco religiosos, duas mil e oitenta e duas religiosas, mil cento e cinquenta e sete judeus, que compõem ao todo cento e trinta e duas mil trezentas e trinta pessoas; e ajustando um terço a mais, para a quantidade daqueles que estão abaixo de vinte anos, tomando a idade ordinária e a vida dos homens a sessenta anos, como quer a lei, encontra-se cento e setenta e seis mil quatrocentas e quarenta pessoas, sem os estrangeiros supervenientes.

---
[10] Aristóteles, Política liv. 5.

Ora, os gentis-homens venezianos não poderiam ser mais que três ou quatro mil no total, ausentes e presentes. E espanto-me que tenham publicado e, mais ainda, que tenham tolerado que se imprimisse o número que foi levantado.

Os atenienses cometeram erro semelhante e descobriram uma vez que havia no recenseamento feito dos habitantes vinte mil cidadãos, dez mil estrangeiros e quatrocentos mil escravos. O que os romanos não quiseram fazer com os estrangeiros, e menos ainda com os escravos, nem demarcá-los com vestimentas diferentes, temendo, diz Sêneca, que se eles viessem a contar-se fossem tomados de vontade de se tornarem senhores. Lemos na história do cardeal Bembo que a maior assembleia dos gentis-homens venezianos de sua época foi apenas de mil e quinhentos, e ainda se destacam pelas vestimentas. Mas o que mais conservou sua senhoria contra a empresa dos citadinos foi a amizade e concórdia mútua dos senhores entre si, e a doçura da liberdade que é maior nessa cidade que alhures no mundo; de modo que, estando dissolutos em prazeres e delícias, tomando parte também em algumas honras e cargos miúdos, não têm a oportunidade de agitar-se para mudar o estado, como tinham aqueles que mencionei anteriormente, que estavam não somente alijados de todos os cargos, mas também sobrecarregados pelos senhores e maltratados.

As mudanças de estados populares em senhorias são menos violentas e mais suaves que as outras

Ora, todas essas mudanças de senhorias em estados populares foram violentas e sangrentas, como quase sempre acontece e, ao contrário, ocorre que os estados populares transformam-se em senhorias aristocráticas por uma mudança suave e insensível, quando se faz abertura aos estrangeiros e, por decurso de tempo, eles habituam-se e multiplicam-se sem ter parte nos estados e ofícios; acontece enfim que as famílias dos senhores, por estarem empregadas nos cargos públicos e na guerra, diminuem, e os estrangeiros aumentam sempre, o que faz com que um número menor dos habitantes detenha a senhoria, o que mostramos ser a reta aristocracia. As Repúblicas que enumerei anteriormente eram assim; e de fato o estado de Veneza, de Lucca, de Ragusa, de Gênova eram antigamente populares, e pouco a pouco transformaram-se em senhorias aristocráticas insensivelmente; junte-se a isso também que os mais pobres burgueses, tendo muito o que fazer para viver, deixavam os cargos públicos sem proveito, e por decurso de tempo e prescrição suas famílias eram delas excluídas. Essa mudança é mesmo a mais suave que há e a mais suportável. Porém, para impedir que ela ocorra é preciso admitir os filhos dos estrangeiros, se não houver outro impedimento, nos cargos e ofícios, e até se o povo for propenso à guerra. De outro modo, é de se temer que os senhores não ousem armar os súditos, sendo obrigados eles mesmos de ir à guerra, e que sejam de repente derrotados, e que o povo tome a senhoria, como ocorreu na senhoria de Tarento, que perdeu numa batalha contra os japígios quase toda a nobreza; então o povo vendo-se o mais forte transformou a aristocracia em estado popular, no tempo de Temístocles.

As mudanças de aristocracias para democracias advêm frequentemente da derrota dos nobres

E por esse motivo os senhores de Argos tendo sido quase todos derrotados por Cleômenes rei da Lacedemônia, o restante temendo a rebelião do povo deu direito de burguesia a todos os habitantes descendentes de estrangeiros e compartilhou com eles os cargos e ofícios, tanto que a aristocracia transformou-se suavemente em estado popular. E uma das coisas que deu mais vantagem ao povo romano sobre a nobreza foi uma vitória dos veientes, que mataram grande parte dos gentis-homens e até trezentos fabienses de uma raça todos nobres e das mais antigas casas. Os venezianos dão ordem disso, usando ordinariamente gentes d'armas estrangeiras, se são compelidos a fazer a guerra, o que evitam tanto quanto podem. Esse inconveniente de mudar o estado por perda da nobreza não pode ocorrer na monarquia, só se todos os príncipes do sangue fossem mortos junto com o resto da nobreza; como os turcos fizeram em toda parte onde quiseram comandar: não pouparam um só gentil-homem; mas essa mudança, ou antes união e incremento de um estado ao outro, é exterior. Viu-se quase toda a nobreza da França morta na jornada de Fontenay perto de Auxerre pela guerra civil entre Lotário, filho mais velho de Luís, o Piedoso, de um lado, e Luís e Carlos, o Calvo, do outro lado; todavia, as três monarquias permaneceram em sua natureza, e mesmo a Champagne perdeu tanta nobreza na guerra que as gentis-senhoras tiveram o privilégio especial de enobrecer seus maridos; não obstante, a monarquia não sentiu mudança alguma, e assim as grandes e notáveis mudanças se fazem nas senhorias aristocráticas e populares.

É perigoso na aristocracia dotar os maus dos maiores estados

E não há ocasião mais ordinária que a ambição dos mais altivos, que se tornam amigos do povo e inimigos da nobreza quando não podem obter os estados aos quais pretendem; como fizeram Mário e César em Roma, Trasilo e Trasíbulo em Atenas, Francesco Valori em Florença, e infinitos outros semelhantes. O que ocorre ainda mais facilmente se os homens indignos são dotados de grandes estados, e aqueles que os merecem preteridos, que é a coisa que mais corta o coração da gente de bem. Por esse motivo, a senhoria dos oritas foi transformada em estado popular, por ter dotado Heracleodoro mau homem do mais honrável ofício. E a coisa que mais ajudou a ruína de Nero e de Heliogábalo imperadores foi que elevaram os mais detestáveis homens aos mais altos estados. Mas isso é principalmente de se temer na aristocracia governada aristocraticamente, quer dizer, onde o povo não toma parte nos ofícios; pois é dor em dobro ver-se não somente frustrado de todos os ofícios e benefícios, mas também que sejam repartidos entre os mais indignos, aos quais é preciso obedecer e se submeter.

A peste mais perigosa da aristocracia é a divisão dos senhores

Então aquele dentre os senhores que se tornar chefe de partido, se for minimamente favorecido pelo povo, transformará a aristocracia em estado popular, o que não ocorrerá se os senhores concordam bem entre si, pois a sedição e divisão dos senhores é a peste que mais se deve temer no estado aristocrático, como disse acima; e às vezes da menor ocasião, como de uma faísca, inflama-se um grande fogo de guerras civis; como ocorreu em Florença, por causa da recusa de um gentil-homem da casa de Bondelmonti de desposar uma senhorita, tendo dado a promessa; isso deu ensejo a uma facção entre os nobres, que se entremataram, de modo que o povo facilmente expulsou o restante. E por essa mesma ocasião ocorreu uma forte guerra civil entre os ardeates, por causa de uma herdeira que a mãe queria casar com um gentil-homem, e os tutores a um plebeu, o que dividiu o povo da nobreza de tal modo que a nobreza recorreu aos romanos[11] e o povo aos volscos, que depois foram vencidos pelos romanos. Também a República de Delfos[12] passou pela mudança de aristocracia a estado popular pelo mesmo motivo, e a de Metelin foi transformada[13] por causa da tutela de duas órfãs, e a República dos héstios por causa de um processo em matéria de sucessão.

De coisa pouca vêm as grandes mudanças

E a guerra sagrada, que não transformou mas arruinou por toda parte o estado dos focenses, foi fundada no casamento de uma herdeira entre dois senhores que a teriam. E ainda mais, os etólios e os árcades envolveram-se durante muito tempo em guerras mútuas pela pelagem de um javali, e os de Cartago e de Bizaque pelo remo de uma canoa. Entre os escoceses e os pictos foi movida uma guerra mui cruel por alguns cachorros que os escoceses haviam subtraído aos pictos, e não puderam nunca aliar-se novamente, embora tivessem vivido seiscentos anos em boa paz. E a guerra entre o duque da Borgonha e os suíços originou-se por causa de uma carroça de peles de carneiro que foi tomada de um suíço. Às vezes também as mudanças e ruínas das Repúblicas ocorrem quando se leva os grandes a processo para fazer com que prestem contas de suas ações, seja sem razão ou por justa causa; pois mesmo aqueles que são íntegros temem sempre as calúnias e o resultado duvidoso dos julgamentos, que com muita frequência arrastam consigo a vida, os bens e a honra dos acusados. Disso temos o exemplo fresco na memória daqueles que incendiaram todo um reino com guerras civis quando se aventou fazer com que prestassem contas de quarenta e dois milhões.

Foi também a ocasião que Péricles, temendo o acaso das contas que se lhe exigia das finanças de Atenas que ele havia administrado, e geralmente de suas ações, lançou o povo de Atenas em guerra que arruinou várias Repúblicas e mudou inteiramente o estado dos outros estados de toda a Grécia. Ora todos os historiadores, diz Plutarco, concordam nesse ponto. No entanto, talvez

---

[11] Lívio liv. 4.
[12] Pausânias liv. 4.
[13] Aristóteles, Política.

não se encontrou em toda a Grécia homem que fosse mais íntegro, mesmo no julgamento de Platão e de Tucídides, embora este fosse seu inimigo capital, tendo-o atingido com o banimento do ostracismo; além de que ele não alterou em nada todos os cargos públicos que havia manejado durante cinquenta anos[14]. Lemos do mesmo modo que as Repúblicas de Rodes e de Cós foram transformadas de aristocracias em estados populares. E uma das causas que moveu César a tomar o estado foi que seus inimigos o ameaçavam, de modo que não lhe seria permitido prestar contas dos cargos que havia ocupado[15]. E como se teria ele assegurado, lembrando que Cipião, o Africano, a honra de sua época, e Cipião, o Asiático, e Rutilius, e Cícero foram condenados? Se os homens virtuosos caíram nesses perigos, quem duvida que os maus não perturbem antes o estado público para não expor suas vidas ou seus bens ao acaso? Pois além da segurança que tiveram de escapar por esse meio ao julgamento dos homens, ainda tiveram a vantagem de pescar em águas turvas.

É perigoso em toda República banir um grande senhor

Sabe-se bastante que as guerras civis sempre servem de véu aos maus, que não temem menos a paz do que a peste e em todo acontecimento têm diante dos olhos a resolução de Catilina, o qual disse que não apagaria com água o fogo que consumia sua casa, e que o apagaria arruinando ela; e de fato ele esteve a tal ponto perto de mudar o estado dos romanos, se o cônsul Cícero a isso não tivesse remediado, ou melhor dizendo, coberto o erro que havia feito, de deixar que Catilina saísse de Roma depois de descoberta sua conjuração. Pois não se deve esperar que aquele que se vê banido de sua casa e de seu país, se ele tem poder, que não se erga em armas, como ele o fez; e se tivesse ganho a batalha contra C. Antônio, teria colocado o estado em perigo extremo, pois era um dos mais nobres senhores e dos melhores aliados que havia em Roma. Os mais avisados estimam que de tais inimigos é preciso fazer bons amigos, ou matá-los por inteiro, se não se quer bani-los por honra, como se fazia na cidade de Argos, em Atenas, em Éfeso, onde os grandes senhores poderosos em bens ou em favores ou em virtude eram por algum tempo, que todavia jamais passava de dez anos, compelidos a ausentar-se, sem perder

---

[14] Plutarco, *Péricles*.
[15] Cícero, *Ad Atticum*.

nada de seus bens, o que era um banimento honroso[16]; por isso nem um só desses que eram assim banidos jamais fez guerra ao seu país.

Mas banir um grande senhor com dano e contumélia não é apagar, mas acender o fogo de guerra contra seu estado, do qual o banido às vezes se torna senhor, como fez Díon banido de Siracusa pelo jovem Dionísio, e Márcio Coriolano, que conquistou boa parte do domínio dos romanos, e queimou até as portas de Roma, e colocou o povo romano em tal extremo que seu estado estaria acabado, se as mulheres não tivessem ido até ele para apaziguá-lo; o que fizeram em caso igual os banidos da casa dos Médici, e os banidos de Zurique no ano de 1336, juntando-se aos maiores príncipes para arruinar seu país. Talvez me dirão que é mais prudente lançar a guerra para fora que ser compelido a combater dentro das entranhas da República. Concordo, mas é de fato mais seguro pôr a mão no inimigo, e por esse meio sufocar uma conjuração, que soltar aquele que logo depois fará guerra; como fez o jovem Ciro, que o Rei seu irmão havia mandado prender e atar com correntes de ouro, por ter querido atentar contra o Rei; tendo escapado a pedido de sua mãe, pôs de pé um poderoso exército, e por pouco não arrebatou a coroa. Disse que é preciso matar essas pessoas, ou fazer delas bons amigos, como fez Augusto que, tendo descoberto a conjura de Cina e tendo-o em suas mãos, acusado e condenado pelas suas próprias cartas, perdoou-o e não se contentou com isso, mas ainda apertou-lhe a mão e jurou amizade a ele, e desde então lhe deu grandes estados, usando estas palavras[17]: *Vitam tibi Cinna iterum do, prius hosti, nunc insidiatori ac parricidae. Ex hodierno die amicitia inter nos incipiat: contendamus utrum ego meliore fide vitam tibi dederim, an tu debeas.*

Sabedoria de Augusto

Nunca teve desse tempo em diante amigo mais fiel, e até fez de Augusto seu herdeiro universal. Augusto havia anteriormente mandado matar uma infinidade daqueles que haviam jurado sua morte. Quis tentar também se pela mansuetude poderia conquistar o coração dos homens. Desde então nunca mais encontrou alguém que ousasse tentar algo contra ele. Também os venezianos tendo capturado o duque de Mântua, seu inimigo capital, em vez

---

16 Plutarco, Aristides.
17 Sêneca, De Clementia; Díon liv. 55.

de lhe retirar seu estado fizeram dele seu capitão-general, e desde então não tiveram amigo mais leal. É o que dizia Pontino, velho capitão dos samnitas, que era preciso pôr em liberdade o exército dos romanos surpreendido nos estreitos do Apeninos, ou matá-los todos, retirando uma grande força ao seu inimigo ou então fazendo dele um leal amigo pela obrigação de tão grande dádiva. Ora tais mudanças acontecem mais cedo e com mais frequência quando a República é de pequena extensão do que se ela tem muitas terras e muitos súditos, pois uma pequena República divide-se logo em duas ligas, mas uma grande República é mais difícil de dividir, ainda mais porque entre os grandes senhores e os pequenos, entre os ricos e os pobres, entre os homens maus e os virtuosos encontra-se um grande número de medíocres, que ligam uns aos outros por meios que estão relacionados a uns e outros e concordam com os extremos.

É por isso que vemos essas pequenas Repúblicas da Itália e as antigas Repúblicas dos gregos, que só tinham uma, ou duas, ou três cidades, passar por várias e diversas mudanças. Pois não se deve duvidar que os extremos não sejam sempre contrários e em desacordo se não houver algum meio que possa unir e aliar uns aos outros, o que se vê a olho nu, não apenas entre nobres e plebeus, ricos e pobres, virtuosos e viciosos, mas também na mesma citandade a diversidade de lugares separados dá ensejo com frequência à mudança de um estado. A cidade de Fez nunca esteve em repouso, nem as crueldades e os assassinatos apaziguados, até que José rei de Fez continuou as construções, e de duas cidadezinhas fez uma grande cidade. Também os clazomeneus estiveram em perpétua sedição porque a cidade ficava parte na ilha e parte na terra firme, e uns sempre tinham querela com os outros. E lemos o mesmo em Plutarco, que a República de Atenas caiu em várias sedições e mudanças porque aqueles do porto e a gente da marinha estavam afastados da cidade alta, e uns sempre tinham querela com os outros, até que Péricles continuou as longas muralhas para encerrar o porto. E pelo mesmo motivo o estado de Veneza caiu em extremo perigo por causa das sedições e querelas dos pilotos e da gente do mar contra os habitantes da cidade, e se a autoridade de Pedro Loredano não tivesse intervindo, o estado estaria exposto ao risco de mudança.

Com frequência ocorre que as sedições internas provoquem a mudança externa, pois o Príncipe vizinho ordinariamente vem se atirar sobre o estado após a derrota de seus vizinhos, como fizeram os normandos após a jornada de Fontenay, na qual a nobreza da França foi quase extinta; e o rei de Fez tomou a República de Tesza tendo visto que os habitantes em sua maioria tinham matado uns aos outros; e Felipe II duque da Borgonha sujeitou facilmente Dinan e Bouvines no país de Liège, que eram separadas apenas por um rio, depois que eles mesmos se arruinaram, sendo que antes ele jamais havia podido vencê-los, embora quase só fizesse casamentos de uns com os outros, como diz Felipe de Commines. E enquanto os reis do Marrocos faziam guerra entre si pelo estado, o governador de Túnis e de Telesin fez-se rei e desmembrou essas duas províncias para delas fazer um reino. Pelo mesmo meio Lacares, vendo os atenienses em combustão no tempo de Demétrio, o Sitiador, apoderou-se da senhoria. E, além disso, lemos que quatro mil e quinhentos escravos e banidos invadiram o Capitólio, e por pouco não se tornaram senhores de Roma, enquanto a nobreza e o povo miúdo estavam em sedição e parcialidades[18], mas logo se aliaram em boa amizade, como os dogues enfurecidos um contra o outro atiram-se sobre o lobo quando o veem.

Ora essa mudança externa, causada pelas sedições internas, é mais de se temer se os vizinhos próximos não são amigos e aliados, pois a proximidade do lugar dá apetite à ambição de tomar o estado de outrem, antes que se possa remediá-la. O que não deve espantar, pois aqueles cujo curso da ambição e da avareza o mar, as montanhas, os desertos inabitáveis não podem conter, como se contentarão com o seu sem empreender sobre seus vizinhos, quando as fronteiras se tocam e a oportunidade se apresenta? E isso é ainda mais de se temer quando a República é pequena, como as de Ragusa, de Genebra, de Lucca, que têm somente uma cidade e cujo território é bastante exíguo: aquele que conquistar a cidade conquistará o estado, o que não ocorre com as grandes e poderosas Repúblicas, que têm várias províncias e governos, pois se um for tomado, será socorrido pelos outros, como vários membros de um poderoso corpo que socorrem uns aos outros em caso de necessidade. Todavia, a monarquia tem esta vantagem sobre os estados aristocráticos e populares que, nestes, há somente uma cidade onde jaz a senhoria, que é como o domicílio e refúgio dos senhores: se esta for tomada, o estado está quase acabado; mas o monarca muda-se de um lugar para o outro, e sua tomada não acarreta a perda do estado. Quando a cidade de Cápua foi tomada, todo

---

[18] Lívio liv. 3.

seu estado foi imediatamente invadido pelos romanos, e não houve uma só cidade ou fortaleza que oferecesse resistência porque o senado e o povo, que detinha a senhoria, estavam todos cativos. Também quando a cidade de Siena foi conquistada pelo duque de Florença, as outras cidades e fortalezas renderam-se ao mesmo tempo. Mas o rei cativo geralmente sai quites com seu resgate, e se o inimigo não se contenta os estados podem proceder a uma nova eleição ou tomar o mais próximo do sangue, se houver outros príncipes. E mesmo o rei cativo prefere às vezes abandonar o estado ou morrer prisioneiro do que fazer sofrer os súditos.

Resolução do rei Francisco I quando prisioneiro

E de fato o que mais espantou o imperador Carlos V foi a resolução do rei Francisco prisioneiro, que lhe comunicou que estava a ponto de abdicar de seu reino em favor de seu primogênito se não fossem aceitas as condições que ele oferecia. Pois o reino e todo o estado haviam permanecido por inteiro, sem passar por mudança alguma, nem sofrer alteração. E embora a Espanha, a Itália, a Inglaterra, todo o baixo país, o Papa, os venezianos e todos os potentados da Itália estivessem aliados contra a casa de França, de modo que não havia um que ousasse entrar na França para conquistá-la, conhecendo as leis e a natureza dessa monarquia. E assim como um edifício apoiado sobre altos fundamentos e construído com materiais duradouros, bem unido e ligado em todas as suas partes, não teme nem os ventos nem as tormentas, e resiste facilmente aos esforços e violências, assim a República fundada sobre boas leis, estando unida e ligada em todos os seus membros, não sofre facilmente alteração. E, ao contrário, existem algumas tão mal edificadas, e tão pouco unidas, que devem sua ruína ao primeiro vento. E não obstante não há República que por decurso de tempo não sofra mudança, e que não venha por fim a arruinar-se, mas a mudança que se faz pouco a pouco é muito mais tolerável, seja de mal para bem, seja de bem para melhor; aventei o exemplo do estado de Veneza, que era de início uma pura monarquia, que depois foi suavemente transformado em estado popular, e pouco a pouco tornou-se uma aristocracia, sem que se percebesse que o estado estava completamente mudado.

Mudança insensível da monarquia da Alemanha em aristocracia

Outro exemplo que darei é o do estado da Alemanha, que é uma pura aristocracia, como mostramos acima, embora há somente trezentos anos aproximadamente fosse ainda uma verdadeira monarquia; mas como a linhagem de Carlos Magno extinguiu-se, que vinha ao estado por direito sucessório, o estado foi atribuído aos Príncipes que procederam por eleição, foi fácil pouco a pouco talhar as asas dos Príncipes que eram eleitos. Por isso era bastante afortunado aquele que podia aceder fossem quais fossem as condições, de modo que atualmente os imperadores não têm quase nada a não ser o título e o nome de imperador, pois a soberania permanece com os estados do império. E se não fosse pelo fato de ter havido vários de uma casa que sustentaram a dignidade imperial, os imperadores teriam sido hoje reduzidos ao pé dos doges de Veneza.

Mudança dos reinos da Polônia e da Dinamarca

Essa mesma mudança ocorreu nos reinos da Polônia e da Dinamarca depois que a linhagem de Jagellon extinguiu-se e que Cristiano rei da Dinamarca foi feito prisioneiro. Seu irmão, para ser eleito, jurou as condições tais como queria a nobreza, e depois Frederico, que reina atualmente, foi compelido a confirmá-las, como observei acima; e pelas quais se vê evidentemente que a nobreza detém quase a soberania, e que pouco a pouco o reino se transformará em aristocracia se Frederico morrer sem filhos; pois embora os estados da Hungria, Boêmia, Polônia, Dinamarca, sempre tenham pretendido o direito de eleição, mesmo que houvesse filhos, como ainda guardam essa prerrogativa, de modo que todavia os filhos eleitos ordinariamente e com mais frequência no lugar dos pais conservam melhor os direitos da majestade, que sempre são subtraídos aos estrangeiros; de modo que pouco a pouco a monarquia recobra sua força e se restabelece por esse meio sem violência; como foi feito na Polônia até Casimiro, o Grande, que era monarca soberano desse país; mas Luís rei da Hungria, seu sobrinho, por ser também rei da Polônia, fez tudo o que os estados quiseram; e depois dele Jagellon, tendo desposado uma das herdeiras de Luís com o reino, diminuiu ainda mais os direitos da majestade, a qual entretanto tinha recuperado sua força até a morte de Sigismundo Augusto, último varão dessa casa; ao qual sucedendo por direito de eleição Henrique de França, os estados o obrigaram a vários juramentos, que parecem derrogar aos direitos da majestade de um monarca. Ainda posso dizer que, tendo sido enviado a Metz para assistir àqueles que receberam os embaixadores da Polônia e palestraram com eles, foi-me dito por Salomão Sboroski, um dos embaixadores, que os estados da Polônia teriam de bom grado diminuído ainda mais o poder do rei eleito, se não fosse pelo respeito que tinham pela casa de França.

Eis como as monarquias transformam-se suavemente em aristocracias; a não ser que a monarquia seja mantida em sua majestade pelas leis antigas e costumes imutáveis, como se vê na nomeação do Papa, onde o consistório não diminui sua majestade soberana, que possui em todo o domínio da Igreja e dos feudos que dela dependem; não mais que a ordem dos Cavaleiros de Malta não diminui em nada o poder do Grão-Mestre, que tem poder de vida e de morte, e de dispor dos dinheiros, estados e ofícios do país, prestando fé e homenagem ao rei da Espanha pela ilha de Malta, que Carlos V imperador lhes arrendou sob essa condição. Embora após a morte do papa Júlio II o consistório dos cardeais tenha solicitado ao conclave que moderasse o poder do Papa, pouco depois os cardeais afastaram-se do que haviam decidido, de modo que Leão X ganhou mais poder que papa nenhum antes dele havia tido. Mas a mudança é arriscada quando o sangue dos Príncipes, aos quais a soberania é concedida, extingue-se subitamente, se um dos súditos tem a força em mãos ou aquele que pode aceder por direito sucessório está ausente, fraco ou sem crédito. Como ocorreu com Carlos duque de Lorena, que devia suceder à coroa da França, sendo descendente em linha direta de Carlos Magno, e que não obstante foi alijado por Hugo Capeto, que tinha o favor e a força em mãos.

Pois é bastante certo que aquele que é senhor da força é senhor do estado, o que é de se temer bastante na casa dos otomanos, pois embora as famílias dos Michalogli, dos Ebranes e Turacanes sejam também do sangue, para suceder ao império dos turcos, se acontecesse que Amurath morresse sem herdeiro varão, o primeiro paxá que teria o favor dos janízaros tomaria o estado, dado que os outros Príncipes das famílias que mencionei são fracos e muito afastados do grande senhor. Disso temos o exemplo memorável[19] da mudança do estado da Lacedemônia, que ocorreu após a vitória de Antígono e a fuga de Cleômenes rei da Lacedemônia: a monarquia foi transformada em estado popular, que durou três anos, durante os quais o povo elegia cinco prebostes; mas tendo chegado a notícia da morte de Cleômenes, dois dos prebostes conjuraram contra os três outros e mandaram matá-los em sacrifício; e isso feito procedeu-se a nova eleição do rei Agesípolis, que era príncipe do sangue. E como haviam acostumado-se a ter dois reis, um denominado Licurgo, que tinha o vento em popa mas que fora isso não era príncipe do sangue, fez-se eleger mediante dinheiro; e Quílon, que era príncipe oriundo do sangue de Hércules, mas não tinha nem bens nem poder, foi preterido. Irritado com isso, matou todos os magistrados, dos quais só escapou Licurgo, que depois se tornou senhor após grande efusão de sangue. Eis o que se devia dizer quanto às mudanças e ruínas das Repúblicas. Digamos agora se há meio de prevê-las e preveni-las.

---

[19] Políbio liv. 4.

Capítulo II

Se há meio de conhecer as mudanças e ruínas das Repúblicas que estão por vir

Não há nada fortuito neste mundo

Como não há nada fortuito neste mundo, tal como todos os teólogos e os mais sábios filósofos decidiram de comum acordo, colocaremos em primeiro lugar esta máxima como fundamento: que as mudanças e ruínas das Repúblicas são humanas, ou naturais, ou divinas, quer dizer, ocorrem ou pelo único conselho e julgamento de Deus, ou pelo meio ordinário e natural, que é uma sequência de causas encadeadas e dependentes umas das outras tal como Deus as ordenou, ou então pela vontade dos homens, que os teólogos admitem ser livre, pelo menos nas ações civis, embora não fosse vontade, de qualquer maneira que fosse, se fosse forçada. E de fato ela é tão mutável e incerta que seria impossível nela fundar julgamento algum para conhecer no futuro as mudanças e ruínas das Repúblicas; e quanto ao conselho de

Deus, ele é inescrutável, a não ser quando às vezes declara sua vontade por inspiração, como fez com os profetas, fazendo-os ver com vários séculos de antecedência a queda dos impérios e monarquias, que a posteridade tão bem constatou. Portanto, resta somente saber se pelas causas naturais se pode julgar o desfecho das Repúblicas. Quando digo causas naturais, não entendo causas próximas, que por si sós produzem a ruína ou mudança de um estado, tal como vendo-se as malvadezas sem piedade e as virtudes sem penhor numa República, pode-se de fato julgar que daí logo provirá a sua ruína. Mas entendo as causas celestes, e mais afastadas. Nisso muitos enganam-se grandemente, ao pensar que a pesquisa dos astros e de sua virtude secreta diminui em qualquer coisa a grandeza e o poder de Deus, mas ao contrário sua majestade é muito mais ilustre, e mais bela, por fazer tão grandes coisas para suas criaturas, do que se as fizesse para si mesmo e sem meio algum. Ora não há pessoa de são julgamento que não reconheça os maravilhosos efeitos dos corpos celestes em toda a natureza, na qual o poder de Deus se mostra admirável e entretanto ela a retira de imediato quando Lhe apraz.

Repúblicas sofrem mudança por natureza

De modo que Platão, não tendo ainda conhecimento dos movimentos celestes, e muito menos de seus efeitos, disse que a República que ele havia ordenado e que para muitos parecia tão perfeita que deveria ser eterna sofreria mudança e depois seria arruinada, a não ser que mudasse suas leis; como todas as outras coisas, dizia ele, que existem neste mundo; de modo que parece que nem todas as belas leis e ordenanças, nem toda a sabedoria e virtude dos homens não poderiam impedir a ruína de uma República. Foi esse o único ponto que mais consolou Pompeu, o Grande, depois da jornada de Farsala, tendo sido convencido pelos discursos de Secundus filósofo, que lhe pôs diante dos olhos a opinião de Platão, o qual não atribui a ruína das Repúblicas às influências celestes nem ao movimento dos astros, mas à dissolução da harmonia, da qual falaremos adiante. Desde então, muitos reprovaram a opinião de Platão e quiseram julgar as Repúblicas pelos movimentos celestes. Mas há muitas dificuldades, que não seriam tão grandes se as Repúblicas nascessem como os homens e outras coisas naturais.

Erros insuportáveis dos astrólogos

E mesmo que elas dependessem totalmente do céu, de acordo com Deus, de modo que seria difícil formar julgamento a seu propósito, visto que há tantos erros e contrariedades entre aqueles que fazem as efemérides que com muita frequência se vê uns planetas diretos, outros retrógrados, e no céu estacionários; e até sobre o movimento da Lua, que é o mais notório, não há um que concorde com o outro. Pois Cipriano Leovice, que seguiu as tabelas de Alfonso, das quais Copérnico havia mostrado o erro evidente, cometeu erros tão aparentes que as grandes conjunções são vistas um ou dois meses depois do seu cálculo. E mesmo que Mercator tenha se esforçado pelos eclipses em pesquisar com mais cuidado que ninguém, mesmo assim todas as suas pesquisas são fundadas numa hipótese que não pode ser verdadeira, pois ele supõe que na criação do mundo o Sol estava no signo do Leão, seguindo a opinião de Julius Maternus, e contra o parecer dos árabes e de todos os astrólogos, que escrevem que o Sol estava no signo de Áries. Ora é totalmente certo que estes enganaram-se por seis, Mercator por dois signos, pois está explicitamente ordenado na lei de Deus[20] prestar a solenidade dos pavilhões no final do ano, no 15º dia do sétimo mês, que era antes o primeiro[21]; como também era conveniente que Deus, tendo criado o homem e todos os animais em idade perfeita, lhes desse também os frutos bem maduros; e desde então as estações não mudaram, como Plutarco discorre amavelmente nos Simposíacos.

Ora se assim é que o ano começa onde acaba, e que o final é o quatorze do sétimo mês, é preciso concluir que o Sol estava em Libra, pois a lei de Deus leva estas palavras[22], que o mês Abib doravante seria o primeiro porque Ele havia tirado seu povo do Egito nesse mês, que é o mês de março, e Tisri o sétimo, que é o mês de setembro. Quanto a esse ponto, ele é isento de dificuldade entre os hebreus, que por esse motivo fazem o grande jejum e as festas dos pavilhões e das trombetas; e os gregos começavam as olimpíadas em setembro. E de fato os egípcios, embora fossem inimigos jurados dos hebreus, sempre tiveram o mês de setembro como o primeiro do ano. E até o ditador ou o primeiro magistrado fincava um prego em meados de setembro, para

---
[20] Êxodo cap. 23.
[21] Josefo, Antiguidades Judaicas cap. 3 liv. 1.
[22] Êxodo cap. 12.

marcar os anos. Ainda menos fundamento se tem para julgar as mudanças de estados pela fundação das cidades, como muitos fazem também das casas antes de lançar as fundações, para impedir que sejam queimadas ou arrasadas, ou que não caiam do mal caduco, o que é uma loucura extrema, como se a natureza devesse obedecer às coisas artificiais; a lei diz bem que é preciso prestar atenção na idade das casas para delas fazer a estimativa; o que o doutor Cujácio tomou pelo tamanho das casas, quando a lei diz *deductis aetatibus*, em que o jurisconsulto nunca pensou; pois ele quer dizer que as casas segundo seus estofos eram estimadas em várias idades, como se a casa fosse de pedraria, e no dia de sua construção se estimasse que ela duraria oitenta anos; de modo que se ela tinha custado cem escudos para construir, quarenta anos depois, estando queimada, se diminuiria o preço de metade; e a de telha era considerada perpétua, como se pode ver em Vitrúvio e em Plínio[23], que chama as muralhas de telha *parietes aeternos*.

    Desde a segunda edição, Bodin foi avisado de que Cujácio obstinou-se em sua interpretação, pela qual pretende que se estimem os edifícios pela sua dimensão. E se isso fosse verdade os celeiros de palha e trapos seriam mais estimados que os pequenos edifícios construídos com mármore ou pórfiro, como o templo de pórfiro de Siena, que é dos menores e mais preciosos edifícios da Europa. Mas para resolver todas as dificuldades Bodin citará as palavras de Vitrúvio sem tirar nem pôr[24]. Mas há um absurdo ainda maior que é tomar o tema celeste de uma muralha para julgar uma República, como Marco Varrão, que mandou lavrar o horóscopo da cidade de Roma por L. Taruncio Firmiano, tal como Plutarco e Antímaco Lírio escreveram. Mas foi retrogradando e julgando, como ele dizia, a causa pelos efeitos, e os diversos acidentes ocorridos em setecentos anos, e por esse meio ele descobriu que a cidade havia sido construída no ano terceiro da sexta olimpíada, no vigésimo primeiro dia de abril, um pouco antes de três horas da tarde, estando Saturno, Marte e Vênus em Escorpião, Júpiter em Peixes, o Sol em Touro, a Lua em Libra, quando Rômulo tinha dezoito anos; e a Virgem no Levante, e os Gêmeos no coração do céu, que são os dois signos de Mercúrio e que mostram as ações dos homens mercurianos, o que não se aproxima nem de perto nem de longe do povo mais belicoso do mundo. De modo que o horóscopo é não

---

[23] Liv. 53 cap. 14.
[24] Vitrúvio liv. 2 cap. 8.

somente falso, mas impossível por natureza, pois coloca Vênus em posição oposta à do Sol, sendo que nunca se afasta mais de quarenta e oito graus do Sol; o que seria desculpável se tivesse sido feito por esquecimento, como aconteceu com Auger Ferrier, excelente iatromatemático, o qual no livro dos julgamentos astronômicos colocou Vênus e Mercúrio em posições opostas, e um e outro opostos ao Sol, coisa incompatível por natureza, pois ele mesmo concorda que Mercúrio nunca se afasta mais de trinta e seis graus do Sol. A verdade é que João Pico príncipe da Mirandola, baseado nessa máxima, retomou sem causa Júlio Materno no que este coloca o Sol na primeira e Mercúrio na décima, o que seria, diz ele, recuar Mercúrio de três signos para longe do Sol, sem prestar atenção na inclinação da bola, que pode ser tal que Mercúrio estará na décima e o Sol na primeira, e não estarão afastados um do outro de mais de trinta e seis graus.

Erro do tema celeste das cidades

E há ainda um absurdo maior no tema de Tarúncio, pois este coloca o Sol em Touro em 21 de abril, sendo que aí não entraria antes de 30 de abril. De modo que é coisa ainda mais ridícula tomar o horóscopo de uma cidade para julgar uma República, haja vista que mostramos que com frequência as cidades foram arrasadas, sobrando a República por inteiro, como foi Cartago; e as Repúblicas arruinadas, sobrando as cidades em seu estado. E não obstante Lucas Gauric recolheu vários horóscopos das maiores cidades, sem propósito nem aparência; e ele é até diferente em tudo daquele de Roma no tema lavrado por Tarúncio. Portanto, não me demorarei em tais opiniões, e menos ainda no dito de Cardan, que sustenta que a última estrela da Grande Ursa causou todos os grandes impérios, e que ela estava vertical no nascimento de Roma, e que depois ela transportou o império para Constantinopla, e de lá para a França, e depois para a Alemanha; e muitos param por aí, sem considerar de qual cérebro provém esse devaneio. E como ele pretende ofuscar os olhos daqueles que não prestam atenção, é preciso rejeitar seu dito por um absurdo que dele decorre: pois ele pretende que a estrela que ele menciona esteja vertical e o Sol no meio-dia, como ele supõe que estavam na fundação de Roma. Ora, é bastante certo, já que essa estrela está agora no vinte e um da Virgem, que ela estava então no dezenove de Leão, tomando a proporção do movimento das estrelas fixas; e todos concordam que a fundação de Roma foi no vigésimo primeiro dia do mês de abril, que leva o grau nove de Touro, e então o dezenove de Áries. Portanto, é impossível que ela estivesse vertical, estando o Sol no meridiano de Roma, e faltavam quatro signos inteiros e mais outros vinte graus, o que é um erro notável.

Contudo, ele não pode negar que essa estrela esteve na vertical há cinco mil e quinhentos anos para vários povos. Mas para refutar isso ele diz que o império só é devido a uma República. Por que então a uma mais do que a outra? E é coisa ainda mais estranha dizer que a mesma estrela deu o império a Constantinopla, visto que a cidade foi construída mais de novecentos anos antes que o império fosse a ela transladado. Junte-se a isso o fato de que o horóscopo da cidade de Constantinopla encontrado na biblioteca do Papa no Vaticano em letras gregas, tal como Porfírio o calculou, extraído pelo bispo Lucas Gauric, coloca o Sol no dezessete de Touro, a Lua no cinco de Leão, Saturno no vinte de Câncer, Júpiter e Vênus conjuntos no mesmo signo, Marte no doze, Mercúrio no primeiro de Gêmeos, o coração do céu em Aquário, e o vinte e três de Gêmeos no Levante; e afirma que foi na segunda-feira, duas horas depois do Sol nascente. Encontra-se outro extraído também do Vaticano para a mesma cidade, lavrado por Valens de Antioquia, com atraso de quarenta minutos. De modo que o bom bispo Gauric, para fechar sua conta, supõe que ela foi construída 638 anos depois de Jesus Cristo, embora todos os historiadores estejam de acordo que ela florescia mais de quinhentos anos antes que Jesus Cristo tivesse nascido; e faz cair a tomada de Constantinopla pelos turcos no ano 1430, quando todos sabem que Maomé, o Grande, tomou-a no ano 1453, no trigésimo dia de maio. E a mesma cidade foi tomada mil e oitocentos anos antes pelos antigos gauleses, que então ali estabeleceram o reino da Trácia, como diz Políbio governador de Cipião, o Africano, e esse reino estabelecido pelos gauleses durou até a época de Clíaro. E depois ela foi também tomada por Pausânias rei da Lacedemônia, e depois ainda foi sitiada e tomada por Alcibíades, como lemos em Plutarco; e muito tempo depois sitiada por três anos inteiros e tomada pelo exército do imperador Severo, que a arrasou de cima a baixo, e passou ao fio da espada todos os habitantes, dando o território aos períntios; e depois ela foi reconstruída e repovoada, e depois a sede do Império foi transladada para lá por Constantino, o Grande; e depois ainda sitiada e tomada por Galeano imperador, e todos os habitantes mortos; e enfim os imperadores do Oriente continuaram ali até que os franceses e flamengos sob a conduta de Balduíno conde de Flandres a tomaram e mantiveram o império durante cinquenta anos.

Erro de Cardan

E todavia Gauric não levou em consideração todas essas mudanças e não concorda nem um pouco nem com as histórias, nem com Cardan. Mas é bastante espantoso que a estrela de Cardan tenha tido tanto poder de outorgar os impérios do mundo na Itália, na Grécia, na França, na Alemanha, enquanto estava na vertical, e que não tenha tido nenhum poder sobre os reinos da Noruega e da Suécia, onde está não apenas vertical, estando o Sol no meio-dia no mês de agosto, mas também perpendicular, e não obstante afastada de Roma e de Constantinopla em latitude de doze graus pelo menos. Mas por que Cardan terá dado mais de poder a essa estrela do que às mais ilustres? Por que a Carricinha, ou o coração do Leão que é a maior de todas, o Grande Cão, a Medusa, a Espiga da Virgem, o Abutre e infinitas outras não receberam nada? Ele não dá razão alguma. Bastará por enquanto ter rejeitado esses erros tão grosseiros para que se veja a luz por meio deles. E mesmo que fosse coisa infinita esmiuçar todos os outros em detalhe, mencionarei somente aqueles que tiveram a reputação de ter mais bem compreendido os julgamentos do céu para as mudanças das Repúblicas, entre os quais esteve Pedro d'Arliac chanceler de Paris, e depois cardeal no ano 1416, que relacionou os nascimentos, as mudanças e ruínas das Repúblicas e das religiões às conjunções dos altos planetas, e cujas hipóteses João Pico, príncipe da Mirandola, tomou por certas sem inquirir de outro modo sobre sua verdade; de modo que, de trinta e seis grandes conjunções que o cardeal notou desde cento e quinze anos depois da criação do mundo até o ano de Jesus Cristo 1385, não há seis que sejam genuínas. Leopoldo, Alcabice e Ptolomeu também atribuíram os movimentos dos povos, as guerras, pestes, fomes, dilúvios, mudanças de estados e de Repúblicas às grandes conjunções dos altos planetas; como na verdade elas nunca ocorrem, com efeitos que se conheçam a dedo e a olho, com espanto dos mais sábios, logo isso não acarreta nenhuma necessidade.

Erros do cardeal de Arliac

Mas seja como for, não se deve seguir o cardeal de Arliac, que toma a raiz das grandes conjunções na época da criação do mundo, supondo em sua conta que este tenha sete mil cento e cinquenta e oito anos, seguindo nisso o erro de Alfonso, que é reprovado por todos os hebreus, e agora por um comum consentimento por todas as Igrejas, que se baseavam antigamente na conta de Bedas e de Eusébio, na qual há um erro de mais de mil e quinhentos anos; e hoje em dia toma-se o cálculo de Fílon hebreu, que leva cinco mil quinhentos e quarenta e dois anos, como aquele que é médio entre Joseph e os outros hebreus. E por isso é um erro insuportável supor a grande conjunção dos três altos planetas no ano da criação 320, e postular que houve até o presente sete mil cento e dezoito anos, ou seja, mil e duzentos anos antes que o mundo fosse criado, e postular no horóscopo da criação do mundo o primeiro grau de Câncer, o Sol no dezenove de Áries, a Lua no terceiro de Touro, Saturno no vinte e um de Aquário, Júpiter no vinte e oito de Peixes, Marte no vinte e oito de Escorpião, Vênus no vinte e sete de Touro, Mercúrio no quinze de Gêmeos. Isso se revelará totalmente falso, seja atendo-se à verdade sagrada, como se deve, seja tomando-se o movimento dos planetas, continuando até o presente. E sem esmiuçar o erro do cálculo é impossível por natureza que Mercúrio esteja no quinze de Gêmeos e o Sol no dezenove de Áries, visto que pelas demonstrações de Ptolomeu e de todos os astrólogos que sobre isso escreveram conforme à verdade Mercúrio nunca se afasta do Sol mais de 36 graus, e não obstante ele teria estado recuado de 56 graus, o que bastará de passagem para mostrar que a hipótese do cardeal de Arliac e seu fundamento são falsos e o resto não pode subsistir.

Porém, pode-se retrogradar e tomar as conjunções na ordem, continuando até o começo do mundo e levando em conta os hebreus, e usar as tabelas de Copérnico, que corrigiu diligentemente os erros de Alfonso e dos árabes. E não devemos nos ater à grande conjunção dos dois mais altos planetas no primeiro ponto de Capricórnio, o que jamais ocorreu, nem ao cálculo de Alfonso, nem às conjunções relatadas pelo cardeal de Arliac, embora no ano 1909 de Jesus Cristo, no grau nono de Capricórnio, se fará a grande conjunção. E no ano 1584 Saturno e Marte unir-se-ão no primeiro ponto e 46 minutos de Capricórnio e Júpiter no mesmo signo, mas todavia afastado de doze graus do Sol e de Mercúrio. E só retornarão ao mesmo ponto em novecentos e cinquenta e três anos e 91 dias, número este que, se for subtraído, retrogradando dos anos do mundo, quando uma grande conjunção ocorreu, encontraremos quase os mesmos efeitos e mudanças. Se Deus com seu poder não retém os efeitos das causas celestes, como prometeu que o dilúvio não aconteceria mais, e cumpriu sua promessa; pois embora a grande conjunção de Saturno, Júpiter e Marte tenha ocorrido no signo de Peixes no ano de 1524, momento em que todos os astrólogos da Ásia, da África e da Europa previram o dilúvio universal e em que houve vários descrentes que fizeram arcas para se salvar, até em Toulouse o presidente Auriol, embora se lhes pregasse a promessa de Deus e seu juramento de não mais fazer morrer os homens pelo dilúvio. É bem verdade que o ano trouxe grandes tormentas e inundações em vários países, mas mesmo assim não houve dilúvio algum. Ora, os anos do mundo até o dilúvio são bem justificados pelo texto da Bíblia, a saber, 1656, mas o erro e a obscuridade dos anos está depois do dilúvio até a primeira olimpíada. Joseph coloca duzentos anos a mais que Fílon, os outros hebreus cento e sessenta a menos. Se os árabes e Alfonso tivessem tomado o verdadeiro cálculo dos anos do mundo dessa maneira, e observado as grandes conjunções retrogradando, e referido ambos à verdade das histórias, talvez teríamos podido verificar mais exatamente os anos do mundo, e a ciência estaria mais segura das mudanças e ruínas das Repúblicas pelos movimentos celestes. Mas aqueles que supuseram o horóscopo do mundo a seu bel-prazer, como já disse, e fundaram suas conjunções num falso princípio, é impossível que possam saber com segurança as conjunções, nem asseverar algo sobre as mudanças das Repúblicas.

 O que eu disse das grandes conjunções se pode também dizer das médias, que ocorrem em duzentos e quarenta anos, e das menores, que ocorrem de vinte em vinte anos, que têm os efeitos aumentados se os olhares dos outros planetas, eclipses ou conjunções mesclam-se a elas. Os antigos, que observaram as mudanças notáveis das Repúblicas, movimentos de povos, inundações, pestes, doenças, fomes estranhas que aconteciam depois de tais conjunções, num país mais do que em outro, descobriram por esse meio a propriedade dos signos e a triplicidade conveniente às regiões; mas era impossível, em tão pouco tempo desde que o mundo teve sua origem, e com tão poucas observações, ter disso a demonstração. Pois mesmo Ptolomeu nada pôde obter sobre os caldeus e os movimentos celestes senão desde Sennacherib rei da Assíria, que só está seiscentos anos antes de Jesus Cristo, e com pouca segurança das histórias. Eis porque não se deve deter-se demasiado no livro quadripartido atribuído a Ptolomeu, que todavia nada tem de seu estilo, no qual ele atribui a triplicidade do fogo à Europa e à parte do mundo que está entre o Poente e a Nordeste; e à Ásia Oriental e Setentrional a triplicidade do ar; e à África a triplicidade da água; e à Ásia Meridional a triplicidade da terra. Donde se vê pelo discurso das histórias que os efeitos das altas conjunções não corresponderam às regiões que haviam sido designadas. Afinal, dizer que as estrelas fixas, tendo mudado seus signos, teriam mudado as triplicidades das regiões é abusar da ciência, e precisaria também arruinar os princípios e máximas da astrologia, que vemos serem semelhantes aos horóscopos humanos, e tais como eram há dois mil anos; como o próprio Cardan confessa, tomando as máximas de Ptolomeu, que as obtivera dos egípcios e caldeus.

Encontro de Cássio com um caldeu

E todavia ele ousou de fato escrever que para essa mudança os espanhóis, ingleses, escoceses e normandos, que antigamente eram, diz ele, suaves e humanos, são agora larápios e maliciosos, tanto que estavam submetidos a Sagitário, e agora a Escorpião. Mas ele merece que lhe respondamos o que fez o capitão Cássio a um astrólogo caldeu que lhe aconselhara não combater os partos até que a Lua tivesse deixado Escorpião: "não temo", disse então Cássio, "os escorpiões, mas sim os arqueiros"; tanto que o exército dos romanos havia sido derrotado na planície da Caldeia pelos arqueiros dos partos[25]. E se a opinião de Cardan fosse verdadeira, a natureza deste mundo, e de todos os povos, seria também alterada. E não obstante se vê que as propriedades atribuídas pelos antigos às nações não mudaram em nada. Os homens do Setentrião são belos, vigorosos, robustos, altos, louros, peludos, belicosos, grosseiros de espírito, grandes bebedores, têm os olhos verdes, a voz grossa, são sujeitos à gota, surdez e cegueira. Vitrúvio, Tácito, Plínio, César, Estrabão dão esse testemunho de sua época. Ao contrário, os povos da África e os meridionais são, como sempre foram, pequenos,

---
25 Plutarco, Crasso.

morenos, magros, têm os olhos e cabelos pretos e poucos pelos, são fracos, sóbrios, melancólicos, sujeitos aos frenesis, escrófulas e lepras, e de resto bastante engenhosos.

Notáveis conjunções

Também se vê quatro ou cinco anos antes da mudança da República Romana em monarquia sob o poder de César, e quando toda a Europa estava em armas, que a grande conjunção se deu em Escorpião. A mesma conjunção se deu no ano 630 no momento em que os árabes, tendo publicado a doutrina de Maomé, se rebelaram contra os imperadores de Constantinopla e mudaram as Repúblicas, as línguas, os costumes, as religiões na Ásia Oriental, donde se vê evidentemente que a triplicidade aquática também tem lá seus efeitos na Europa como na Ásia Meridional, regiões contrárias. E a mesma conjunção se deu no mesmo signo no ano de 1464, após a qual várias mudanças de Príncipes, várias guerras foram movidas pelos súditos contra seus Príncipes, em vários países da Ásia, da África e da Europa. Zadamach rei dos tártaros foi expulso pelos seus, Henrique V rei da Inglaterra foi capturado e morto por seu súdito Eduardo IV, e Frederico III imperador foi expulso da Hungria por Matias Corvino rei eleito, filho de um simples capitão. Luís XI rei da França foi sitiado por seus Príncipes e vassalos em sua cidade capital, e quase forçado ao extremo de perder seu estado. Ao mesmo tempo, Scander escravo do rei dos turcos revoltou-se e lhe roubou dois governos. Mas a conjunção dos altos planetas mostra seus efeitos mais em Escorpião, que é um signo marcial, que nos outros; e acontece o mesmo se Marte estiver nesse signo, ou pelo menos se um dos outros planetas estiver conjunto, ou oposto.

Vemos também a grande conjunção no signo de Sagitário no ano 74 depois de Jesus Cristo, em que toda a Palestina foi saqueada, a cidade de Jerusalém arrasada a ferro e fogo e 1.100 mil[26] mortos nessa guerra. Ao mesmo tempo vemos na Europa as guerras civis, a morte violenta de quatro imperadores em um ano. E 240 anos depois vemos a conjunção dos mesmos planetas em Áries, e as mudanças notáveis do Império feitas por Constantino, o Grande,

---

26 [N.T.]: Foi mantida a locução usada por Bodin. Provavelmente o conceito de milhão não fosse muito corrente na época.

o qual, depois de ter matado quatro imperadores e mudado o Império do Ocidente para o Oriente, extirpou a superstição pagã. Vemos também que, depois da conjunção dos mesmos planetas em Aquário no ano 430, os godos, ostrogodos, francônios, gépidos, hérulos, húngaros e outros povos do Setentrião espalharam-se, ocuparam os governos do Império Romano e saquearam até a Itália e a cidade capital. Vemos ainda a grande conjunção que se deu no ano 1524 e ao mesmo tempo todos os Príncipes aliados contra o rei da França, que foi capturado; os povos da Alemanha armados contra os senhores, ocasião em que foram mortos cem mil homens; o exército dos turcos contra os cristãos, na ilha de Rodes, que foi tomada, e os transbordamentos estranhos das águas que ocorreram em vários lugares.

Além disso, podemos ver que, depois da grande conjunção em Leão, no ano 769, Carlos Magno arruinou o estado dos lombardos, capturou seu rei, sujeitou a Itália. E na mesma época vemos que os povos da Polônia elegeram seu primeiro rei, e várias outras mudanças notáveis e assinaladas. E quarenta anos depois, a mesma conjunção ocorreu no signo de Sagitário, na época em que os mouros saquearam vários países, invadiram parte da Grécia, percorreram a Itália, e os daneses tiveram várias guerras civis, e quase ao mesmo tempo Carlos Magno fez-se senhor das Alemanhas, retirou a superstição dos pagãos na Saxônia, e mudou todas as Repúblicas e principados da Alemanha e da Hungria, que submeteu ao seu poder. Aconteceram com essa grande conjunção quatro eclipses, o que desde então só aconteceu 736 anos depois, a saber no ano 1544, época à qual talvez se tivesse visto mudanças mais notáveis se a grande conjunção, que ocorreu no ano seguinte em Escorpião, tivesse ocorrido no mesmo ano. E não obstante toda a Alemanha esteve em guerra, que durou sete anos.

Em suma, se há alguma ciência das coisas celestes para as mudanças das Repúblicas, é preciso observar os encontros dos altos planetas há mil quinhentos e setenta anos, as conjunções, eclipses e olhares dos baixos planetas e das estrelas fixas, no momento em que se deram as grandes conjunções, e relacioná-las à verdade da história e dos tempos, e às conjunções precedentes; e não deter-se em nada na opinião daqueles que determinaram as triplicidades às regiões, que verifiquei acima por exemplos evidentes não serem seguras; mas sim na natureza dos signos e dos planetas.

Erro de Leovice

E todavia relacionar as causas e os efeitos destas ao grande Deus de natureza, e não sujeitá-lo às suas criaturas, como Cipriano Leovice, que assegura em seus escritos que o fim deste mundo chegará no ano 1584: *Procul dubio*, diz ele, *alterum adventum filii Dei, et hominis in majestate gloriae suae praenuntiat*. Já que ele assegura com tanta certeza que não se deve duvidar de modo algum, porque terá realizado efemérides para trinta anos depois do fim do mundo? Mas ele se verá tão zombado quanto Albumazar, que havia predito que a religião cristã chegaria ao fim no ano 1460, e Abraão judeu astrólogo, que prometia que no ano 1464 nasceria um grande capitão, que chamam de messias, para libertar os judeus da servidão dos cristãos; e Arnoldo espanhol, que havia predito que no ano 1345 o Anticristo deveria chegar. Os hebreus sustentam que, de sete em sete mil anos, todas as Repúblicas, junto com o mundo elementar, perecem e repousam mil anos, e em seguida Deus renova o que havia perecido; e que isso se dá sete vezes, que perfazem quarenta e nove mil anos completos. E então o mundo elementar e celeste chega ao fim junto com todos os seus corpos, e sobra a majestade do grande Deus eterno com todos os espíritos bem-aventurados. E de fato os árabes e mouros descobriram há quatrocentos anos que o movimento oscilante do oitavo orbe completa sua revolução em sete mil anos precisamente e o nono em quarenta e nove mil anos, e Jean de Realmont fez disso a demonstração há oitenta anos, de cujo movimento nem os caldeus, nem os egípcios não puderam conhecer a verdade. Todavia isso nos é claramente mostrado tanto pelas dez cortinas do tabernáculo, que representam os dez céus móveis, que se acreditava antigamente serem apenas oito, quanto pelo texto formal da lei de Deus, que fala do repouso do ano sétimo e do retorno das heranças após quarenta e nove anos, que Leão hebreu relaciona a sete mil e a quarenta e nove mil anos.

Porém, mesmo que os hebreus tenham tido os belos segredos da natureza, e que sua opinião retire a impiedade daqueles que sustentam a eternidade do mundo ou a ociosidade do Criador, pois jamais afirmaram tais coisas, para dar lugar ao querer de Deus, que detém as causas e os destinos em sua mão; como ele bem mostrou pelo dilúvio universal, ocorrido mil seiscentos e cinquenta e seis anos após a criação do novo mundo. Mas Leovice não vê que, desde a criação do mundo até o ano 1564, há duzentas e setenta e oito conjunções dos dois altos planetas, entre as quais há vinte e três grandes e várias notáveis conjunções dos planetas menores. Albumazar, Alcabice e Leopoldo chamam de grande conjunção dos dois altos planetas a que se dá de vinte em vinte anos, a saber de Saturno e Júpiter, e de média a que se dá de Saturno e de Marte em Câncer, de trinta em trinta anos; e a maior é de Saturno e Júpiter na mudança de triplicidade, que se dá a cada 240 anos; e a máxima a que se dá de Saturno e Júpiter no signo de Áries a cada 800 anos. Mas Messahala chama de máxima a conjunção dos três altos planetas, que não se deu (como diz Leovice) no ano de 1583, mas somente de Marte e Saturno no segundo grau de Capricórnio, e Júpiter está afastado dele de doze graus, o que não comporta conjunção, nem pelo centro, nem pela extremidade dos globos; junte-se a isso o fato de que Leovice se engana segundo o erro vulgar, que sempre confundiu os astrólogos nas previsões do ano,

A criação do mundo se deu quando o Sol estava em Libra

Ainda mais porque supõem que a criação se deu no signo de Capricórnio; o que é impossível, se não se quer acusar de falsa a lei de Deus, e mesmo as antiguidades dos egípcios, como mostramos acima. E se prestarmos bastante atenção às grandes e notáveis mudanças dos estados e Repúblicas veremos que a maioria se dá por volta do mês de setembro, no qual a lei de Deus coloca o começo do mundo; mês este que leva o signo de Libra. A vitória de Augusto contra Marco Antônio foi no segundo dia de setembro, na qual era questão do maior império que já houve, e disputado com as maiores forças que já foram reunidas em qualquer guerra. Paulo Emílio transformou o grande reino da Macedônia em vários estados populares, e levou prisioneiro o rei Perseu cativo em Roma, tendo conquistado a vitória no terceiro dia de setembro[27]. O sultão Suleiman em dia igual tomou Buda, cidade capital da Hungria, e a maioria do reino. Em dia igual Roderico rei da Espanha foi vencido e expulso de seu estado pelos mouros, o que trouxe notável mudança

---

[27] Lívio liv. 45; Plutarco, Emílio.

em toda a Espanha. No mesmo dia Luís XII rei da França tomou a cidade de Milão e o duque Luís Sforza e despojou-o do estado. No mesmo dia o imperador Carlos V tomou a cidade de Argel. No quarto dia de setembro o sultão Suleiman morreu diante de Seget, e no sétimo a cidade foi tomada. No dia seguinte, Sigismundo pai de Augusto, rei da Polônia, pôs para correr o exército dos moscovitas. Um dia depois, Jaime rei da Escócia foi morto pelos ingleses em batalha, junto com a maioria da nobreza da Escócia. No décimo dia foi morto João duque da Borgonha sobre a ponte de Montereau, o que foi o começo de uma notável mudança na França. E no mesmo dia foi morto o tirano Pierre Louis. Também lemos que no undécimo dia de setembro os Paleólogos tomaram a cidade de Constantinopla e dela expulsaram os condes de Flandres, que haviam detido o império por cinquenta e seis anos. E a jornada de Marignan, na qual o exército dos suíços foi derrotado, foi num treze de setembro. E no mesmo dia o exército dos turcos lançou sítio diante da cidade de Viena.

Tratado de paz memorável

E no décimo sétimo dia de setembro o rei João foi capturado e o exército da França derrotado pelos ingleses, e no dia anterior a paz foi decidida, e concluída em Soissons entre o rei da França e o Imperador, estando um e outro com seu estado em risco. O que é ainda mais notável é que a grande conjunção ocorreu no mesmo dia, mês e ano do tratado. Em 18 de setembro do mesmo ano, Bolonha foi rendida aos ingleses, e em 24 de setembro Constantino, o Grande, venceu Maxêncio, e de simples capitão estrangeiro se fez monarca, e trouxe uma notável e maravilhosa mudança em todo o mundo, e quis que desde então se começasse em setembro do ano 333 a contar os anos. Descobrimos também que no ano 1186, no mês de setembro, os altos e baixos planetas estavam conjuntos. Nessa ocasião, os astrólogos do Oriente, por cartas escritas de todos os lados, como diz a crônica de São Dionísio, ameaçaram todos os povos de mudanças de Repúblicas, que depois aconteceram. É verdade que o historiador falhou ao dizer que também houve eclipse do Sol em 11 de abril e no quinto do mês eclipse da Lua, coisa impossível por natureza.

O rei Carlos IX e Henrique rei da Suécia, no mesmo dia, mês e ano, estiveram em extremo perigo

Vemos também que, no vigésimo sétimo dia de setembro, Carlos IX rei da França foi atacado por seus súditos perto de Meaux, e com grande esforço se salvou; no mesmo dia, mês e ano, Henrique rei da Suécia foi despojado por seus súditos de seu estado e feito prisioneiro numa prisão onde está até hoje, e não há grande esperança que dela saia com vida. A batalha de Montcontour se deu no mês de setembro. Em 28 de setembro, Bajazet derrotou o exército dos cristãos de trezentos mil homens na jornada de Nicópolis, e no mesmo dia Saladino tomou a cidade de Jerusalém, que lhe havia sido tomada por Pompeu. O papa Bonifácio VIII foi feito prisioneiro e a dignidade papal sujeitada ao rei da França no mês de setembro de 1303. Também vemos que vários grandes Príncipes e monarcas foram mortos nesse mês, a saber: Augusto, Tibério, Vespasiano, Tito, Domiciano, Aureliano, Teodósio, o Grande, Valentiniano, Graciano, Basílio, Constantino V imperador, Carlos V apelidado o sábio, Pepino, Luís, o jovem, Felipe III, Luís rei da Hungria e infinitos outros dos mais ilustres monarcas que não menciono, e além deles Lotário e Carlos, o Calvo, irmãos, morreram no mesmo dia 29 de setembro, o primeiro no ano 855 e o segundo no ano 877. É também notável que o sultão Suleiman e Carlos V imperador, os dois maiores Príncipes que já houve em vários séculos, nasceram no mesmo ano e morreram também no mês de setembro. Antonino Pio e Francisco I, ambos grandes monarcas, e dos mais ilustres, nasceram nesse mesmo mês, e ambos morreram em março, que leva o signo diretamente oposto ao de Libra; e Augusto Otávio nasceu e morreu nesse mês[28].

Lemos também que os maiores tremores de terra que já houve ocorreram no mês de setembro, tal como bem observou Nicolas de Livres em seu livro sobre o movimento da terra. Como aquele que ocorreu no ano de 1509 em Constantinopla, no qual morreram treze mil homens, o que já havia ocorrido na mesma cidade, no mesmo mês do ano 479. E aquele grande tremor que sacudiu toda a terra habitada no ano 545 ocorreu no sexto dia de setembro[29]. E no segundo dia de setembro, na jornada actíaca, o tremor de terra na Palestina matou dez mil pessoas. Também em Pouzol ocorreu um grande tremor no

---

[28] Gélio liv. 25; Suetônio, Augusto.
[29] Cedrano, Justiniano.

vigésimo sexto dia, no ano de 1537, e a tormenta que ocorreu em Locarno, que foi tão terrível que se pensou que o fim do mundo havia chegado, foi em 4 de setembro, no ano de 1556, e em dia igual a tormenta arruinou a casa da cidade de Magdeburgo, e o raio matou aqueles que lá dançavam; e em 17 de setembro a ponte do Tibre tombou, matando quinhentas e sessenta pessoas, no ano de 1444. E às vezes essas notáveis mudanças ocorrem no final do mês de agosto, quando a Lua de setembro impede a entrada do Sol no signo de Libra; os quais são todos argumentos que mostram que, assim como o mundo foi criado no mês de setembro, estando o Sol em Libra primeiro grau, como já dissemos, também as mudanças notáveis ocorrem no mês de setembro, e não no mês de março, sobre o qual Leovice fundou o fim do mundo. A lei de Deus chama de falsos profetas e proíbe de temer aqueles que preveem e asseguram coisas que depois não ocorrem. Ora Leovice havia predito como coisa segura que Maximiliano imperador seria monarca da Europa, para castigar a tirania dos outros Príncipes (dos quais ele poderia escrever mais modestamente), o que ainda não ocorreu, e não há grande aparência de que possa ocorrer. Mas ele não havia predito o que ocorreu um ano depois de sua profecia, que o sultão Suleiman sitiaria e tomaria a fortaleza mais inexpugnável do Império e talvez da Europa, nas barbas do Imperador e do exército do Império, sem nenhum impedimento. Isso mostra que não deveriam ter se fiado à profecia de Lutero, que deixou por escrito que o poder dos turcos diminuiria dali para frente, quando este cresce mais do que nunca.

Opinião de Leovice rejeitada

Mas é espantoso que Leovice nada tenha visto da mudança estranha de três reinos dentre seus vizinhos próximos: como poderia ele ter sabido do fim do mundo, que só foi revelado aos anjos? Pois, por todo motivo, ele não diz outra coisa senão que é preciso que a religião de Jesus Cristo e o mundo cheguem ao fim sob a triplicidade aquática, pois Jesus Cristo nasceu sob a triplicidade aquática; querendo inferir outro dilúvio, no que não há menos impiedade que ignorância; seja seguindo-se a máxima dos astrólogos, que dizem que jamais planeta arruinou sua casa – ora é bem certo que Júpiter estava em Peixes na grande conjunção dos anos 1583 e 1584, e que a conjunção desses dois planetas é sempre favorável; seja acatando-se a autoridade de Platão no *Timeu*, e dos hebreus, que dizem que a corrupção do mundo se dá sucessivamente pela água, depois pelo fogo; seja detendo-nos, como se deve, na promessa de Deus, que não pode mentir[30]. Mas assim como não se deve afirmar temerariamente mudanças e ruínas das monarquias e Repúblicas, assim não se pode negar que haja grandes e maravilhosos efeitos nos encontros dos altos planetas quando eles mudam de triplicidade, e mesmo se os três altos estão conjuntos, ou que haja coocorrência de eclipses, como aconteceu no dia anterior à tomada de Perseu rei da Macedônia, e naquele anterior à jornada de Arbela na Caldeia, que acarretou a ruína de dois grandes monarcas e a mudança de várias Repúblicas, apareceram dois grandes eclipses. Aqueles que desprezam ou ignoram os movimentos celestes ficam boquiabertos, e até Políbio na sua história espanta-se que na centésima trigésima olimpíada se tenha avistado de repente, ao mesmo tempo, novas mudanças de Príncipes quase em todo o mundo, a saber: Felipe, o jovem, foi feito rei da Macedônia, Aqueu rei da Ásia, que invadiu por Antioquia, Ptolomeu Filopator rei do Egito, Licurgo o Jovem rei da Lacedemônia, Antíoco rei de Sória, Aníbal capitão em chefe dos cartagineses, e quase no mesmo instante todos esses povos em guerra uns contra os outros: os cartagineses contra os romanos, Ptolomeu contra Antíoco, os aqueus e macedônios contra os étolos e espartanos.

Caso estranho e memorável

Essas grandes mudanças se veem mais evidentes após a conjunção dos três altos planetas nos signos do Sol ou de Marte, como ocorreu no ano de 1564, quando os altos planetas encontraram-se conjuntos em Leão com o Sol e Mercúrio. Desde então se viu os movimentos estranhos em toda a Europa; viu-se ao mesmo tempo, no mesmo ano, no mesmo mês, no mesmo dia, em 27 de setembro de 1567, o rei da França cercado pelos suíços, atacado e em perigo de ser capturado por seus súditos, e o rei Henrique da Suécia despojado de seu estado e feito prisioneiro pelos seus, e quase ao mesmo tempo a rainha da Escócia prisioneira dos seus súditos e por eles condenada à morte, e o rei de Túnis expulso pelo rei de Argel, os árabes sublevados contra o Turco, os mouros de Granada e os flamengos contra o Rei Católico, os ingleses contra

---

[30] Gênese cap. 7.

sua rainha, toda a França em armas. A mesma conjunção dos três altos planetas ocorreu de fato cem anos antes, a saber no ano de 1464, mas não foi tão precisa, nem no signo de Leão, mas somente no de Peixes. Não obstante percebeu-se logo depois todos os povos em armas, não somente os Príncipes entre eles, mas também os súditos contra os Príncipes, como disse acima.

Quanto ao que diz Copérnico, que as mudanças e ruínas das monarquias são causadas pelo movimento do excêntrico, isso não merece ser levado em conta pois supõe duas coisas absurdas: uma, que as influências provêm da Terra, e não do céu; outra, que a Terra sofre os movimentos que todos os astrólogos sempre deram aos céus, exceto Eudóxio. É ainda mais estranho colocar o Sol no centro do mundo e a Terra cinquenta mil léguas longe do centro, e fazer com que parte dos céus e dos planetas sejam móveis, e parte imóveis. Ptolomeu rejeitou a opinião de Eudóxio por argumentos verossímeis, aos quais Copérnico efetivamente respondeu; ao que Melanchthon replicou somente com este verseto:

> *Deus no céu colocou*
> *Palácio bem ordenado*
> *Para o sol puro e imaculado,*
> *Do qual ele sai belo*
> *Como um recém-casado*
> *Envolto em seu manto;*
> *Parece um grande Príncipe*
> *Alegrando-se por ter*
> *De uma corrida o prêmio.*
> *De uma ponta dos céus ele parte*
> *E atinge a outra parte*
> *Em um dia, de tão rápido que é.*

Ele também poderia ter dito que Josué ordenou que o Sol e a Lua suspendessem seus cursos; mas a tudo isso se pode responder que a Escritura acomoda-se ao nosso entendimento; como quando a Lua é chamada de maior luminar depois do Sol, ela que não obstante é a menor de todas as estrelas, exceto Mercúrio.

Erro de Copérnico

Mas há de fato uma demonstração que ninguém até agora usou contra Copérnico, a saber que um corpo simples só pode ter um único movimento que lhe seja próprio, como é totalmente notório pelos princípios da ciência natural[31]. Portanto, como a Terra é um dos corpos simples, como são o céu e os outros elementos, deve-se necessariamente concluir que ela só pode ter um único movimento que lhe seja próprio; e não obstante Copérnico lhe atribui três totalmente diferentes, dos quais só pode haver um próprio; os outros seriam violentos, coisa impossível; e por isso mesmo impossível que as mudanças das Repúblicas provenham do movimento do excêntrico da Terra. Mas vejamos a opinião de Platão, que diz que as Repúblicas acabam por arruinar-se quando falta a harmonia; e a harmonia falta quando há afastamento da quarta e da quinta do número nupcial, o qual começa pela unidade, que permanece virgem inviolável, e estende-se para os lados em proporção dupla e tripla, por números pares e ímpares, estes machos, aqueles fêmeas; e o meio preenchido por números perfeitos, imperfeitos, quadrados, cúbicos, esféricos, supersólidos, e em toda espécie de proporções quanto se queira estendê-los, pois a divisão do tom é infinita.

Opinião de Platão relativa às mudanças das Repúblicas

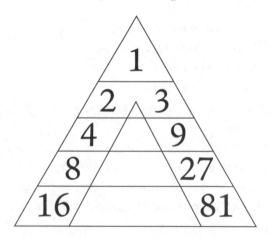

---
31 Aristóteles, *De caelo* liv. 1.

Assim, portanto, a República bem estabelecida manter-se-á enquanto durarem os acordes da unidade à destra, que é o oitavo, e de dois a três que é a quinta, e de três a quatro que é a quarta, e da unidade a três que é a décima quinta, onde o sistema de todos os acordes está inserido; mas se passamos além de quatro a nove, como a proporção entre esses dois números não é harmoniosa, segue-se um desacordo desagradável, que desgasta a harmonia da República. Eis, na minha opinião, o que Platão quis dizer; pois ainda não temos ninguém que tenha esclarecido esse ponto; e não sem motivo reclama-se que não há nada mais obscuro que os números de Platão.

Número nupcial

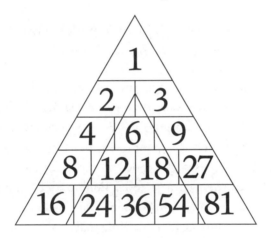

Pois Forestier alemão, que tomou a proporção tripla e quádrupla pelos lados, está bem longe de sua conta; pois ao fazer assim ele arruína os fundamentos do número nupcial, que é em razão dupla e tripla, e coloca semelhante proporção entre 27 e 64 como em três e quatro, coisa impossível por natureza, e contra os fundamentos da matemática. Ora é bem certo que, se passamos a quarta e a terça, a harmonia se perderá; mas quem impedirá de preencher o triângulo do número nupcial e continuar a harmonia? Pois encontrar-se-ão os mesmos acordes que colocamos nos quatro primeiros números, além de que do casamento de dois e três é gerado seis, que se encontra entre quatro e nove, na mesma razão que dois a três, que é a quinta, e igualmente entre 8 e 27 encontramos a proporção e suavidade harmônica, e entre 16 e 81 se encontrarão todos bons acordes, e continuando sempre, estendendo os lados do triângulo, nunca haverá desacordo. Se assim fizessem, as Repúblicas seriam imutáveis e imortais, se a hipótese de Platão fosse verdadeira, que da harmonia dos sons depende a mudança ou ruína da República, e que por necessidade o desacordo é causado. Mas antes se deve temer isso quando os cidadãos começam a desgarrar-se da harmonia natural das leis bem acordadas e dos costumes bem compostos em direção às leis e costumes iníquos e perniciosos. Não quero todavia negar que a harmonia tem grande efeito na mudança de uma República, e nisso Platão e Aristóteles estão de acordo, embora Cícero pense que seja impossível que, ao se mudar as vibrações de uma República, a República passe por mudança.

A música tem grande poder para mudar ou manter o estado

Pois disso temos o exemplo memorável da República dos cinetenses na Arcádia, a qual tendo abandonado o prazer da música, logo depois caiu em sedições e guerras civis, às quais não foi poupada nenhuma espécie de crueldade[32]. E como todos se espantassem por que esse povo se tornara tão hostil e tão bárbaro, visto que todos os outros povos da Arcádia eram extremamente dóceis, tratáveis e corteses, Políbio foi o primeiro a perceber que era por ter abandonado a música, a qual desde muito antigamente sempre fora honrada e apreciada na Arcádia mais do que em qualquer lugar do mundo; de modo que pelas ordenanças e costumes do país cada um devia exercitar-se nela até trinta anos de idade com grandes esforços. E esse foi o meio, diz Políbio, que os primeiros legisladores desse povo encontraram para amansá-lo e domesticá-lo, sendo ele de natural bárbaro, como todos os habitantes de montanhas e países frios.

O povo da França amansado pela música

Podemos talvez fazer julgamento semelhante dos gauleses, que Juliano imperador chamava de bárbaros em sua época[33], e que se viu depois os mais

---

[32] Políbio liv. 4.
[33] Na epístola *Ad Antiochum*.

corteses e tratáveis que havia na Europa, coisa de que os próprios estrangeiros se espantavam. Pois todos sabem que não há povo que mais exerça a música, nem que cante mais suavemente; e além disso, quase não há toque na França que não seja jônico ou lídio, ou seja, do quinto ou do sétimo tom, que Platão e Aristóteles[34] proíbem à juventude porque têm grande força e poder de amolecer e relaxar os corações dos homens. Queriam eles exercitar as crianças no dórico, que é o primeiro tom, para mantê-los em certa suavidade acompanhada de gravidade, que é própria do dórico. A proibição seria melhor na Ásia menor, que não tinha outros toques senão do quinto e do sétimo tom, até no país da Lídia e na Jônia. Mas os povos do país de Setentrião frios ou montanhosos, que são ordinariamente mais selvagens ou menos corteses que os povos do Meridião e os habitantes das planícies, não podem ser mais bem domesticados e amansados que usando da harmonia lídia e jônica; que era também proibida na primitiva Igreja, na qual só era permitido cantar louvores e salmos do primeiro tom, que é ainda hoje o mais frequente nas igrejas. E assim como os homens desarmam as bestas selvagens para dar cabo delas, assim a harmonia lídia e jônica desarma as mais ferozes e bárbaras nações do natural selvagem e cruel, e torna-as dóceis e obedientes. Foi o que aconteceu com os franceses, que talvez não fossem tão domesticáveis e tão obedientes às leis e ordenanças dessa monarquia se esse caráter, que o imperador Juliano diz ter sido tão altivo e tão pouco tolerante à servidão, não tivesse sido amolecido pela música. Mas de todas as regras, seja da astrologia, seja da música, que se descobriu para julgar no futuro das mudanças e destinos das Repúblicas, não há nenhuma que seja necessária.

Se podemos presumir as mudanças por números

Todavia é mesmo coisa maravilhosa a sabedoria de Deus, que dispôs de tal modo todas as coisas por números que as próprias Repúblicas depois de alguns anos chegam ordinariamente ao fim. É o que se precisa mostrar, o que ninguém fez anteriormente, para ter algum julgamento das mudanças e quedas das Repúblicas e fazer entender que as coisas humanas não vão fortuitamente. Não obstante Deus, deixando às vezes o curso ordinário das causas naturais, passa por cima, a fim de que não se pense que todas as coisas

---
[34] Platão, As Leis; Aristóteles, Política.

advêm por fatal destino. Citarei somente seis ou sete números entre dez mil, aos quais com mais frequência ocorrem mudanças nas Repúblicas, a saber, os números quadrados e sólidos de sete e nove, e aqueles que são engendrados da multiplicação desses dois números, e o número perfeito de quatrocentos e noventa e seis. Pois assim como vemos entre os números retos o número seis, que é número perfeito, dar mudança às fêmeas, e o número sete aos machos, assim o número sólido de sete e os quadrados multiplicados pelos setenos são significativos das mudanças ou ruínas das Repúblicas. E assim como os números sete e nove dão início ao nascimento humano e o número resultante da multiplicação de um pelo outro põe amiúde fim à vida dos homens, assim o número setecentos e vinte e nove, que é sólido de nove, provoca amiúde o fim ou uma mudança notável das Repúblicas. Quanto ao primeiro ponto, Sêneca diz: *septimus quisque annus aetati notam imprimit*; isso se refere aos machos somente, pois a experiência nos mostra à vista de olhos que o número seis traz mudança e dá alguma marca às fêmeas; e mesmo a puberdade, que é nos homens aos quatorze, é nas meninas aos doze, e continuando de seis em seis encontra-se alguma mudança notável nelas, pela disposição do corpo ou do espírito; junte-se a isso o fato de que Platão, no número nupcial, atribui o número par às fêmeas e o número ímpar aos machos. E por esse motivo Plutarco diz que se dava nome aos machos no nono dia, porque o sétimo era mais perigoso, e às meninas no oitavo, pois o número par, diz ele, é próprio das fêmeas. Plínio diz também que aqueles que se deixava morrer de fome nas prisões não passavam nunca do sétimo dia. Temos em Aristóteles vários animais dos quais ele conta que nunca passavam do sétimo ano.

O número 63 perigoso para os anciãos

E todos os antigos perceberam que o número 63, que é múltiplo de sete por nove, acarreta ordinariamente o fim dos anciãos; e até o imperador Augusto escreveu a seus amigos: Tomemos, diz ele, coragem, já que escapei ao sexagésimo terceiro ano, que leva quase todos os anciãos; depois ele viveu até o septuagésimo sétimo, como também fez Ártico. Encontra-se um número infinito que se vê morrer nessa idade, e entre os doutos (que morreram nesse ano) colocarei Aristóteles, Cícero, Crísipo, Bocaccio, São Bernardo, Erasmo, Lutero, Melanchthon, Sílvio, Alexandre o maior jurisconsulto de sua época, o cardeal Cusan, Linacro, Jaques Sturme. Parece que isso era assinalado pelos antigos, que haviam consagrado o sete a Apolo e o nove às Musas, como diz Plutarco. E quem quiser ver na Bíblia, ou nas histórias, descobrirá a morte ordinária nos setenos ou nos novenos: Platão morreu com oitenta e um anos, que são nove novenos, Teofrasto com oitenta e três, que são doze setenos, a que poucas pessoas escapam, ou então vão até os treze setenos, como São Jerônimo e Isócrates que viveram 91 anos; Plínio e Bártolo cinquenta e seis, que são oito setenos; Lameque setecentos e setenta, Matusalém novecentos e setenta anos, Abraão cento e setenta e cinco, que são 25 setenos, Jacó 147, que são 21 setenos, Isaac 180, que são 20 novenos, Davi setenta. Acha-se nas histórias número infinito de exemplos semelhantes.

A força dos números setenos

Por que aconteceria nesses números mais do que em outros? Por que o sétimo macho cura as escrófulas? Pois até os gregos, que tinham descoberto essa maravilha da natureza, chamavam o sétimo macho de *hebdomagene*, como alguns pensaram, ou assim chamavam aquele que nascia no sétimo mês. A lei de Deus não tem nada mais frequente que o seteno, seja para as festas do sétimo dia e do sétimo mês, seja para libertar os servos e deixar a terra sem cultivo no sétimo ano, seja para o retorno das heranças, depois de sete vezes sete anos, que era o ano jubileu. Os hebreus nessa ocasião chamaram-no de número sagrado, mas não perfeito, como diz Calvino ao falar do sábado no qual Deus descansou, e que comandou ao seu povo sob pena de morte que fosse feriado e santificado. Pois é impossível por natureza que os números perfeitos sejam ímpares, visto que é preciso que eles se dividam igualmente nas partes que os compõem e que não haja nem mais nem menos, como 1, 2 e 3 fazem seis, e esses três números dividem igualmente seis, assim é com os outros perfeitos. Lactâncio Firmiano caiu no mesmo erro no livro *De Opificio Dei*, no qual ele diz que dois e dez são plenos e perfeitos; e também aqueles que trabalharam sem propósito sobre o que Cícero chama sete e oito números plenos, que uns entendem perfeitos, outros sólidos, como Macróbio, o que é impossível para sete, pois não é nem sólido nem perfeito; oito é sólido, e não perfeito. Plutarco cometeu o mesmo erro nos Simposíacos quando diz que três é número perfeito, embora tenha grande poder em toda a natureza, como o próprio Aristóteles confessa[35].

Ora só há quatro números perfeitos, de um até dez mil, a saber 6, 28, 496 e 8128, entre os quais o último não pode servir para as mudanças das Repúblicas, pois ultrapassa a idade do mundo, nem os dois primeiros, que são menores. E os números relativos às mudanças das Repúblicas não podem ser estendidos aos Príncipes ou aos anos, como quem diz que um reino ou império chegará ao fim depois que sessenta e três monarcas (número multiplicado de sete por nove) nele tiverem reinado, ou então depois que o império desde seu nascimento tenha durado 1.225 anos, como o dos romanos, que são 175 setenos, ou então que o número dos anos e dos reis é o quadrado, ou o sólido do seteno ou do noveno; como Isaías, que previu que nove reis reinariam ainda na Judeia, e o décimo seria levado prisioneiro com o povo, e a República arruinada; o número de anos que eles reinaram é de 182, que são 26 setenos. Jeremias, que viu a execução dessa profecia, predisse que setenta anos depois a República seria restabelecida e o povo colocado novamente em liberdade, o que foi feito.

Mas para mostrar que isso não ocorre necessariamente, vemos um grande rei, que é o 63º e rei de dois grandes reinos, que Deus por seu favor mantém contra o poder humano, e a força dos seus e dos estrangeiros. É verdade que há três reis com esse número que muitos não colocam na categoria dos reis, a saber Odet ou Eudes, Carlos, o Gordo, e Raul. Vemos também que o estado de Atenas foi governado em forma de monarquia por sete juízes que comandaram um depois do outro por setenta anos. E o estado popular, a partir da fuga dos persas e da jornada de Salamina, que instalou a soberania dos atenienses em quase toda a Grécia até a sua eversão, durou setenta anos, como diz Apiano. Além do mais, a vitória de Salamina e a tomada da cidade de Atenas aconteceram no mesmo mês e dia, como observou Plutarco. A monarquia de Roma sob os reis durou cento e quarenta e quatro anos, que é o número quadrado de 12 e raiz do grande número que os Acadêmicos chamam de fatal, a saber, 1.728 anos, que foram completados desde Nino primeiro rei da Assíria até Dário último rei da Pérsia, morto em fuga após a jornada de Arbela, na qual Alexandre, o Grande, ganhou a batalha. Pois Heródoto, Diodoro, Trogo Pompeu, Justino e Ctésias começam por Nino, e eu segui o cálculo de Fílon hebreu.

---

[35] De caelo liv. 1.

Esse mesmo número se encontra desde o Dilúvio até a eversão do reino de Judá, a cidade capital arrasada e o templo incendiado. E na mesma época os egípcios se revoltaram contra os reis da Assíria, os atenienses livraram-se do jugo dos tiranos pisistratidas e os romanos expulsaram os reis. Ora, assim como ao completar esse grande número que os Acadêmicos chamam de fatal a mudança ocorreu no ano seguinte ao ducentésimo quadragésimo sétimo seteno, que é 1.729, assim também vemos que ao completar o número perfeito de 496 as mudanças ordinárias ocorrem no ano seguinte, que é o septuagésimo primeiro seteno. E para verificar ainda mais claramente, tomarei os fastos dos romanos, que não podem mentir, nos quais se vê que, desde a fundação da cidade e da República romana até a jornada actíaca na qual Marco Antônio foi vencido por Augusto e todo o Império submetido ao poder de um único monarca e a paz estabelecida por toda parte, há 729 anos, que é o número sólido de nove. Esse mesmo número de anos se encontra desde a conquista do reino dos lombardos por Carlos Magno até a reconquista do mesmo país por Luís XII sobre o estado dos venezianos e dos Sforza. E esse mesmo número se encontra desde que os escoceses venceram os pictos e fundaram o reino da Escócia até que Maria Stuart rainha da Escócia foi encarcerada e condenada por seus súditos. Além disso, esse mesmo número sólido completou-se desde que Egberto rei dos saxões do Ocidente se tornou senhor absoluto da Inglaterra e chamou o povo de inglês, tendo expulso os saxões orientais, até Maria rainha da Inglaterra, que foi a primeira mulher que usurpou a soberania desse povo depois de mil quatrocentos e quarenta anos, como fez Maria Stuart na Escócia. Desde Augusto até Augústulo, último imperador romano, que foi morto por Odoacro rei dos hérulos, há 496 anos, que é o número perfeito que mencionei. Também é notável que o primeiro se chamava Augusto, quer dizer, conquistador, e o último Augústulo, que era diminutivo do nome e do Império, como ocorreu com Constantino, o Grande, que estabeleceu a sede do Império em Constantinopla, e Constantino o último, que foi despojado do estado e morto por Mehemet rei dos turcos, apelidado o Grande. Vê-se também que desde a fundação da cidade de Roma até Augústulo, o último imperador, há 1.325 anos, número quadrado,

Previsão de Vectius confirmada

O que o grande augúrio Vectius tinha predito, como escreve Censorino, que Marco Varrão havia ouvido dele. Encontro o mesmo número desde Nino rei da Assíria até a morte de Sardanapalo, cujo estado foi invadido pelo governador dos medos. Fúncio coloca três anos a mais, os outros seis anos a menos. Cortando a diferença pela metade, esse grande número fica inteiro. E desde que Arbaces governador dos medos se tornou monarca até o último que foi expulso por Alexandre, o Grande, encontra-se o número de 496 anos.

O número perfeito 496, propício às mudanças de Repúblicas

Esse mesmo número perfeito se vê não somente desde Augusto até Augústulo, mas também desde Augústulo até Carlos Magno, quando foi chamado imperador do Ocidente na cidade de Roma. O que escrevo se justifica pelos faustos de Onofre, que não prestava nenhuma atenção aos números, mas somente à verdade precisa dos anos. Ainda encontramos esse número perfeito 496 desde a fundação de Alba até o arrasamento dela e a ruína da República dos albaneses derrotados por Túlio Hostílio. Genebrad, professor de língua hebraica, escreve também que há 496 anos desde Saulo primeiro rei dos hebreus até o último *sedechie* que foi levado prisioneiro depois de ter visto a ruína de seu estado e o cativeiro de seu povo. Garceu acrescenta dez, os talmudistas muito menos, mas todos concordam que, desde o retorno dos hebreus e o restabelecimento de sua República sob Zorobabel, que trouxe o povo de volta do cativeiro, até o ano em que Herodes Idumeu foi nomeado rei pelo senado romano há 496 anos. E também concordam que o primeiro e o segundo templo foram incendiados no mesmo dia e mês, a saber, o nono dia do quinto mês, o que Josefo tomou como um milagre[36].

É verdade que as histórias não concordam quanto ao que ocorreu, pois uma parte dos meses (contando à maneira dos hebreus) não coincide com os meses dos gregos, nem estes com os meses dos latinos. Esse mesmo número 496 se encontra desde Caran primeiro rei da Macedônia até o último ano do reino de Alexandre, o Grande, que foi o último rei desse país, oriundo

---

36 Josefo, Antiguidades Judaicas liv. 10 cap. 11, Guerras dos Judeus liv. 7 cap. 9 e 10

do sangue de Hércules e Éaco. Fúncio põe oito anos a menos, os outros acrescentam doze. Esse mesmo número perfeito 496 se vê desde que Siágrio, último procônsul e lugar-tenente dos romanos na França, foi morto, até o ano em que Hugo Capeto se tornou rei da França. Esse mesmo número se vê desde Hugo Capeto até o ano em que Carlos oitavo atravessou os Alpes e agitou não somente todos os estados da Itália, mas também comoveu todo o Império do Oriente. Todavia, ele não foi tão bem verificado como os outros devido à variedade dos historiadores e a pouca segurança das histórias. Pois o que é mais bem seguido, a saber, Paulo Emílio, tendo assumido o encargo de escrever a história da França, errou em dez anos inteiros num artigo, como mostrou Du Tillet.

Mas bastam os exemplos que indiquei para entender a força oculta desses números nas mudanças notáveis das Repúblicas. E se todos os anos fossem bem calculados em cada República, poder-se-ia ver uma infinidade de exemplos, assim como se percebe num golpe de vista nos faustos dos romanos, nos quais se vê, além do que eu disse, que desde a fundação de Roma até a tomada e o incêndio dela pelos antigos gauleses há 364 anos, que são compostos de setenos inteiros. E desde a fundação de Roma até a jornada de Cannes, na qual o estado dos romanos esteve em extremo perigo, há 539 anos, que são setenta e sete setenos, e desde essa perda até a derrota das legiões romanas pelos alemães, sob Augusto, há 224 anos, compostos de setenos inteiros. E uma e outra derrota dos romanos aconteceram no segundo dia de agosto, o que foi percebido pelos antigos. E desde o incêndio de Cartago, a Grande, até o incêndio da cidade de Roma sob Totilas rei dos godos há setecentos anos. Também lemos em Roderico, historiador da Espanha, que os mouros se tornaram senhores da Espanha no ano de Cristo 707, o sétimo ano de Roderico rei da Espanha. E setecentos e setenta anos depois eles foram totalmente expulsos por Fernando de Aragão, de acordo com o verdadeiro cálculo do historiador Tarafo. Temos também um exemplo bastante notável da vitória dos hebreus contra Aman até a de Judas da Macabeia contra Antíoco, o nobre rei da Síria, entre as quais se encontram 343 anos, que é o número sólido de sete, quer dizer, sete vezes sete setenos. E uma e outra vitória ocorreram no 13º dia do mês de Adar, como bem notaram os hebreus. Esse mesmo número de anos se completou desde que Augusto venceu Marco Antônio e reuniu todo o Império romano sob seu poder e foi chamado de Augusto pelo senado, até Constantino, o Grande, o que é bastante notável por conta das mudanças estranhas que ocorreram então em todo o Império, tanto nas leis políticas como nas religiões. Tácito[37] observou bem uma outra singularidade, que a cidade de Roma foi incendiada por Nero no mesmo dia que ela havia sido incendiada pelos gauleses, que foi 16 de julho. Mas seria coisa infinita esmiuçar as histórias, e todavia se poderia por esse meio recolher a verdade mais certa e conjeturar sobre as mudanças de estados e de Repúblicas que podem ocorrer com o uso das grandes conjunções, pelo menos até onde a ciência de tais coisas possa ter segurança, pois necessidade nelas não se deve buscar.

---

37 Tácito liv. 15.

Capítulo III

Que as mudanças das Repúblicas e das leis não se devem fazer de repente

Discorremos tão sumariamente quanto se podia fazer acerca das mudanças e ruínas das Repúblicas, das causas das mesmas e das conjeturas que se pode tirar para o futuro. Mas como as pressuposições que notamos não são necessárias para fazer demonstração segura, e mesmo que a ciência das influências celestes fosse bem conhecida e a experiência confirmada isso não implicaria necessidade, daí se segue que pela sabedoria e prudência que Deus deu aos homens pode-se manter as Repúblicas bem ordenadas em seu estado e prevenir a sua ruína.

Os sábios não estão sujeitos às influências celestes

Pois todos os astrólogos estão de acordo que os sábios não estão sujeitos aos astros, mas que aqueles que soltam a rédea dos apetites desregulados e cupidezes bestiais não podem escapar aos efeitos dos corpos celestes, como Salomão dá a entender num provérbio no qual ele ameaça os maus, dizendo que Deus fará passar a roda por cima deles, ou seja, os efeitos da roda celeste. Portanto, se se descobriu que a força dos astros, que se pensava inevitável, pode ser enfraquecida, e se os sábios médicos encontraram meios para mudar as doenças e alterar as febres contra seu curso natural a fim de curá-las mais facilmente, por que o sábio político, ao prever as mudanças que ocorrem naturalmente nas Repúblicas, não prevenirá por conselhos e remédios adequados a ruína delas? Ou se a força do mal for tão grande que ele seja obrigado a obedecer-lhe, ainda assim ele fará certo julgamento pelos sintomas que verá no dia crítico do desfecho que decorrerá disso e advertirá os ignorantes sobre o que se deve fazer para salvar o que se puder. E assim como os mais doutos médicos, em face dos acessos mais violentos, se os sintomas forem bons têm mais esperança pela saúde do que se o acesso for suave e lânguido, e ao contrário, quando veem o homem no mais alto grau de saúde que pode haver, então têm maior temor que ele caia em doença extrema, como dizia Hipócrates, assim também o sábio político, ao ver sua República maltratada por todos os lados e quase esmagada pelos inimigos, se perceber que fora isso os sábios empunham o leme, que os súditos obedecem aos magistrados e os magistrados às leis, então ele toma coragem e promete um bom desfecho, ao passo que o povo ignorante perde a paciência e se entrega ao desespero. Foi o que aconteceu depois que os cartagineses obtiveram a terceira vitória contra os romanos na jornada de Cannes: vários dos aliados, que até então haviam resistido, seguiram o partido de Aníbal e quase todos o abandonaram quando necessário, pois não se esperava outra coisa a não ser sua ruína. Mas aquele que mais prejudicou seus negócios foi o cônsul Terêncio Varro,

Julgamento do estado dos romanos no maior perigo

O qual, tendo escapado à derrota que não foi inferior a sessenta mil homens, escreveu a Cápua que o estado estava acabado, que a fina flor e a força dos romanos estava perdida, em vez de assegurá-los e diminuir a perda dos seus para com os aliados. Isso espantou tanto os capuanos que eles decidiram se juntar ao partido de Aníbal, que era o mais forte, e como eles eram os mais ricos e opulentos da Itália, levaram consigo vários outros povos. Já Cipião

Africano obrigou todos seus companheiros, que haviam decidido deixar a cidade, a prestar juramento de não sair do lugar e de defender a pátria. Por isso o senado não se espantou, e ele mostrou sua prudência mais do que nunca. E embora em todas as cidades da Itália o povo, mutável segundo o vento, favorecesse o partido de Aníbal, tendo-o visto tantas vezes vitorioso, não obstante o senado de cada cidade apoiava os romanos. *Unus veluti morbus omnes Italiae populos invaserat, ut plebs ab optimatibus dissentiret: Senatus Romanis faveret, plebs ad Pœnos rem traheret*, eis as palavras de Tito Lívio[38]. Até Hieron rei da Sicília, então estimado o mais sábio Príncipe de sua época, nunca quis renunciar à aliança com os romanos e ajudou-os tanto quanto pôde, conhecendo bem sua constância e prudência no manejo dos negócios, e dentre vários presentes enviou-lhes uma estátua de ouro da vitória. Nisso se pode ver que os sábios, vendo os romanos tão seguros e tão constantes na extrema necessidade, e que as leis nunca haviam sido observadas mais estritamente, nem a disciplina militar mais severamente mantida, como diz Políbio, julgaram então que o desfecho do seu negócio seria bom, assim como o sábio médico, vendo os sintomas favoráveis no ápice do acesso do seu doente, sempre tem boa esperança. Ao contrário, em Cartago só havia parcialidades e facções, e nunca as leis haviam sido tão pouco prezadas, nem os magistrados menos estimados, nem os costumes mais gastos, o que era um presságio seguro de que, do mais alto grau de suas felicidades, eles deveriam logo ser precipitados e arruinados, como de fato ocorreu.

Portanto, a primeira regra que se pode ter para manter as Repúblicas em seu estado é conhecer bem a natureza de cada República e as causas das doenças que as acometem. É por isso que me detive a discorrer até aqui sobre uma e outra, pois não basta saber qual das Repúblicas é a melhor, mas é preciso conhecer os meios para manter cada uma em seu estado e saber se está em nosso poder mudá-la, ou se mudando-a ela correrá o risco de cair em ruína. Pois vale muito mais a pena entreter o doente com uma dieta adequada que tentar curar uma doença incurável pondo sua vida em risco. E nunca se deve experimentar os remédios violentos se a doença não for extrema e se não houver mais esperança. Essa máxima vale para toda República, não só para a mudança do estado mas também para a mudança das leis, dos usos, dos costumes. Como muitos não prestaram atenção nisso, arruinaram belas

---

[38] Liv. 24.

e grandes Repúblicas fisgados por uma boa ordenança que haviam tomado emprestada a uma República totalmente contrária à sua. Mostramos anteriormente que várias boas leis que mantêm a monarquia são próprias para arruinar o estado popular, e aquelas que preservam a liberdade popular servem para arruinar a monarquia.

As mudanças súbitas são perigosas

Embora haja várias questões indiferentes a toda espécie de República, a antiga questão dos sábios políticos ainda não foi bem resolvida, a saber, se uma nova ordenança é preferível ainda que seja melhor que a antiga. Pois a lei, por melhor que seja, não vale nada se contiver desprezo por si mesma. Ora, acontece que a novidade, em matéria de lei, é sempre desprezada, e ao contrário a reverência pela antiguidade é tão grande que dá força suficiente à lei para se fazer obedecer por si mesma sem magistrado, ao passo que os éditos novos, com as penas neles contidas e todo o dever dos oficiais, não podem ser mantidos senão com muita dificuldade. Desse modo, o fruto que se deve recolher de um novo édito não é tão grande quanto o dano acarretado pelo desprezo das outras leis por causa de uma nova. Para resumir, não há coisa mais difícil de tratar, nem de sucesso mais duvidoso, nem mais perigosa de manejar que a introdução de novas ordenanças[39]. Essa razão me parece bastante considerável.

Acrescentarei outra que não tem menos peso: é que toda mudança de lei que diz respeito ao estado é perigosa, pois mudar de mal para bem os costumes e ordenanças referentes às sucessões, contratos ou servidões é tolerável, mas mudar as leis que dizem respeito ao estado é tão perigoso quanto sacudir as fundações ou pedras angulares que sustentam a carga de um edifício, o qual com isso se abala e sofre muitas vezes mais dano (além do perigo de desmoronamento) que proveito com o novo material, mesmo se já estiver velho e caduco. O mesmo acontece com uma República já envelhecida, se sacudirmos por pouco que sejam os fundamentos que a sustentam há grande perigo de sua ruína, pois a máxima antiga dos sábios políticos deve ser bem sopesada, a saber que não se deve mudar nada nas leis de uma República que

---

[39] Platão, As Leis liv. 7.

se manteve por muito tempo em bom estado, por maior que seja o proveito aparente que se pretenda.

Por essas causas, o édito dos atenienses, que depois foi acolhido em Roma e promulgado com força de lei, publicada a pedido do ditador Públio Filo, era o mais necessário que se poderia ser numa República, a saber, que não fosse lícito a ninguém apresentar requerimento ao povo sem o parecer do senado. Isso é mais respeitado em Veneza que em qualquer lugar do mundo, pois nem é permitido apresentar requerimento ao senado sem o parecer dos sábios. Mas na República dos lócrios a ordenança era ainda mais estrita, a saber, que aquele que quisesse apresentar requerimento para que este fosse promulgado com força de lei era obrigado a comparecer perante o povo com a corda no pescoço, com a qual deveria ser estrangulado ali mesmo se seu pedido fosse recusado. Foi por essa causa que essa República se manteve por muito tempo sem retirar nem acrescentar nada às leis antigas, até que um cidadão caolho apresentou requerimento ao povo com a finalidade de que, dali em diante, aqueles que cegassem os caolhos com intenção deliberada teriam os dois olhos vazados, já que seu inimigo ameaçava vazar o olho que lhe restava para deixá-lo completamente cego, sob pena de perder um dos seus olhos conforme a lei de talião, que era então quase comum a todos os povos. Seu pedido foi deferido e promulgado com força de lei, não sem dificuldade.

Se me disserem que a mudança de leis muitas vezes é necessária, até mesmo daquelas que dizem respeito à polícia ordinária, eu digo que necessidade nesse caso não tem lei. Porém, quanto aos éditos e ordenanças voluntárias, ainda que sejam muito belas e úteis em si, não obstante a mudança é sempre arriscada, sobretudo no que se refere ao estado. Não que eu queira que a República sirva às leis, que só são feitas para a conservação dela; e é preciso sempre seguir esta máxima geral que não tolera exceção, SALUS POPULI SUPREMA LEX ESTO. Pois assim como Temístocles persuadiu os atenienses de erguer fortalezas e muralhas em torno de Atenas para a proteção e defesa dos cidadãos, assim também Teramenes pelo mesmo motivo foi da opinião que se deveria derrubá-las, senão a ruína do povo e da República seria inevitável. E não há leis, por mais excelentes que sejam, que não sofram mudança quando a necessidade o exige, e não de outro modo. Eis porque Sólon, após ter publicado suas leis, fez com que os atenienses jurassem mantê-las por cem anos, como diz Plutarco, para fazer saber que elas não devem ser eternas nem alteradas repentinamente. Licurgo também tomou juramento de seus súditos para que preservassem suas leis até seu retorno, quando traria o oráculo, mas depois não quis voltar, banindo-se voluntariamente de seu país natal, para obrigar seus cidadãos a manter suas leis tanto quanto fosse possível. E embora a injustiça de uma lei antiga seja evidente, vale mais a pena aguardar que ela envelheça e perca sua força pouco a pouco que cassá-la mediante violência súbita.

O meio de mudar as leis

Assim fizeram os romanos com as Leis das Doze Tábuas, que eles não quiseram ab-rogar, mas preferiram tolerar naquilo que era iníquo ou inútil, a fim de que isso não causasse desprezo por todas as leis. Porém, quando por decurso de tempo elas caíram em desuso, o que ocorreu setecentos anos depois que haviam sido publicadas, foi ordenado a pedido do tribuno Ebúcio que aquelas que estivessem como que aniquiladas pelo não uso seriam consideradas cassadas e anuladas para que ninguém se enganasse. Mas como o natural dos homens e das coisas humanas é extremamente lúbrico, precipitando-se continuamente de bem em mal e de mal a pior, e como os vícios se infiltram pouco a pouco como os maus humores que se instalam insensivelmente no corpo humano até que este esteja repleto, então é necessário empregar novas ordenanças. Contudo, isso deve ser feito passo a passo, e não de repente, como se esforçou para fazer Agis rei da Lacedemônia quando quis restabelecer a antiga disciplina de Licurgo, que estava quase aniquilada pela negligência dos magistrados; ele mandou trazer todas as obrigações e cédulas dos particulares e mandou queimá-las em público. Feito isso, ele quis proceder a uma nova distribuição das terras a fim de igualar os bens, como Licurgo havia feito. Embora sua intenção fosse desejada por muitos na República da Lacedemônia, que havia sido fundada dessa maneira, por ter precipitado a coisa ele não somente perdeu sua esperança mas também inflamou um fogo de sedição que queimou sua casa. E depois de ter sido despojado de seu estado ele foi estrangulado com sua mãe e outros partidários seus, abrindo brecha para os mais malvados, que invadiram a República e privaram sua pátria de um Príncipe bom e virtuoso. Pois era preciso primeiramente tornar-se senhor das forças, ou, se isso fosse impossível, sondar os corações e conquistar os maiores um após o outro, como Licurgo havia feito, e depois proibir a moeda de ouro e de prata, e algum tempo depois os bens móveis preciosos. Mas usar uma sangria tão violenta antes de purgar e um remédio tão forte antes de preparar não é curar as doenças, mas ferir os doentes. Portanto, é preciso seguir no governo das Repúblicas esse grande Deus da natureza, que faz todas as coisas passo a passo e quase insensivelmente.

Maneira dos venezianos

Os venezianos, durante a vida do duque Agostino Barbarini, não quiseram subtrair nada do seu poder para nada abalar. Mas após sua morte e antes de proceder à nova eleição de Loredano, a senhoria mandou publicar novas ordenanças que diminuíram muito o poder dos duques. Mostramos que isso também foi feito nas eleições dos imperadores da Alemanha e dos reis da Polônia e da Dinamarca, que de monarcas soberanos foram reduzidos ao pé pequeno de capitães-em-chefe, uns mais, outros menos. E para fazer engolir isso mais suavemente, deixou-se as marcas imperiais nas vestes, nas qualidades, nas cerimônias, e de fato muito pouca coisa. E assim como é arriscado subtrair de repente o poder de um magistrado soberano ou de um Príncipe que tem a força nas mãos, não é menos perigoso para o Príncipe expulsar ou desapontar subitamente os antigos servidores de seu predecessor ou destituir de repente parte dos magistrados e conservar o restante, pois aqueles que são escolhidos e conservados por um lado ficam carregados de inveja, e os outros de malversação ou ignorância e privados da honra e do bem que compraram muito caro. E talvez um dos mais belos fundamentos desta monarquia seja que, quando o rei está à morte, os oficiais da Coroa continuam nos seus cargos e por esse meio mantêm a República em seu estado. Embora os oficiais da casa do rei sejam mutáveis ao arbítrio do sucessor, ele deve fazer uso dele com tal discrição que aqueles que forem despedidos não tenham ocasião de abalar nada, ou pelo menos que não tenham o poder de fazê-lo, mesmo que tenham vontade. Quando o imperador Galba fracassou nisso e privou Oto da pretensão que este tinha ao Império para adotar Pison, sem todavia desarmar Oto, logo depois ele foi assassinado e morto junto com aquele que ele tinha adotado como sucessor.

Não há perigo que isso aconteça nos estados populares e aristocráticos, já que aqueles que detêm a soberania não morrem. Mas o risco não é menor quando é preciso trocar os magistrados soberanos e capitães-em-chefe, como mostrei anteriormente, ou quando é preciso fazer alguma lei que não seja agradável ao povo, ou da qual a nobreza tire proveito e o povo miúdo dano, ou quando faltam víveres e provisões, ou quando os preços estão demasiado altos. Nesses casos sempre há perigo de comoções e sedições populares. E geralmente quando é preciso destituir os magistrados ou os corpos e colégios, ou retirar os privilégios dos particulares, ou diminuir os soldos e alugueres, ou aumentar as penas, ou trazer de volta o governo dos negócios políticos e da religião para sua primeira fonte e origem, que por decurso de tempo, seguindo a natural corrupção do homem, se tiver alterado e mudado, não há melhor meio que agir pouco a pouco, sem forçar nada se for possível, como por forma de supressão. Temos disso o exemplo notável de Carlos V quando ainda era regente da França e que, por mau conselho, suspendeu de repente e suprimiu a maioria dos oficiais, estabelecendo comissários; imediatamente a França sofreu grandes sedições por causa do número infinito de descontentes. Por essa causa, pouco depois ele deu seu decreto no Parlamento tal como segue: "Nós em nosso puro e nobre ofício Real, ao qual cabe anular e corrigir tanto nossos atos como os de outrem, todas as vezes que tomarmos conhecimento de que por meio deles a justiça foi ferida, especialmente quando prejudicar o inocente: temos dito, declarado e pronunciado, dizemos, declaramos e pronunciamos que a dita privação e as publicações dela, e tudo que delas decorreu, foi feito somente de fato e obtido por impressão, e para o nosso mui grande desprazer, e que não teve de direito qualquer efeito de privação, suspensão ou lesão dos ditos oficiais em suas pessoas, estados, ofícios, honras, vencimentos, direitos; e não obstante tais privações anulamos, cassamos e condenamos perpetuamente"[40].

Quando Carlos IX acedeu à Coroa e viu o número desenfreado de oficiais procedeu por supressão, pelo advento da morte dos oficiais ou colegas ou privilegiados, e não enquanto vivessem. Pois além da dificuldade do reembolso que se deve fazer, ainda existe o perigo de que abalem o estado aqueles que foram despojados da honra, que é mais cara aos ambiciosos que os bens ou a vida. Se me disserem que não há risco que isso aconteça quando o Príncipe tem a força em mãos, eu digo todavia que não se deve fazer isso, mesmo que

---
[40] Decreto de Carlos V rei da França de 28 de maio de 1359.

ele pudesse num piscar de olhos fazer tremer todos os seus súditos. Pois não somente aquele que sofreu a injúria, mas também todos os súditos ficaram ressentidos. E quanto mais um Príncipe é grande e poderoso, mais ele precisa ser justo e reto, inclusive para com seus súditos, aos quais por obrigação ele deve a justiça. A senhoria de Basileia, tendo mudado de religião, não quis expulsar de uma hora para outra os religiosos das abadias e mosteiros, mas ordenou somente que ao morrer eles morreriam por eles e pelos seus sucessores. Desse modo, houve um cartuxo que ficou por muito tempo sozinho no seu convento e nunca foi forçado a mudar nem de lugar, nem de hábito, nem de religião, e quase todos os outros voluntários foram embora. Essa mesma ordenança foi publicada em Coira na dieta dos Grisões realizada no mês de novembro de 1558, na qual foi decidido que os ministros da religião reformada seriam mantidos com bens provenientes dos benefícios, permanecendo os religiosos nos seus conventos para serem suprimidos por morte, como fiquei sabendo pelas cartas do embaixador da França que estava então em Coira.

Fazendo assim, uns e outros ficam contentes, e quem tivesse retirado a esperança de vida àqueles que se alimentavam no ócio e não tinham aprendido nada, além de lhes fazer injúria ainda correria o perigo de que, estando eles reduzidos ao desespero, eles atentassem contra a senhoria e talvez arrastassem consigo todos os seus aliados. Na mesma ocasião, tendo o rei permitido neste reino o exercício da nova religião e vendo que aqueles que tinham saído dos mosteiros pediam contribuições aos seus parentes, foi ordenado que eles retornariam aos mosteiros sob pesadas penas. Isso parecia ser diretamente contrário à permissão que tinha sido dada, mas indiretamente era calar a boca daqueles que tinham saído dos mosteiros porque queriam perturbar o estado e abalar as maiores e mais nobres casas deste reino a pretexto de religião. Além disso, teria sido necessário riscar de todos os costumes deste reino o artigo relativo aos religiosos, que são despojados de todo direito sucessório.

A via de supressão é tolerável

O que eu disse acerca da multidão dos oficiais, ou dos colégios, ou dos privilegiados, ou dos malvados que se multiplicam pouco a pouco por causa da negligência dos Príncipes e magistrados, que ela deve ser suprimida pelo mesmo meio, ocorre em todas as coisas que dizem respeito ao público e refere-se à natureza das leis, que só têm força e efeito para o futuro. E embora a tirania seja uma coisa cruel e detestável, o meio mais seguro de aboli-la, se o tirano não tem filhos nem irmãos, é suprimir a tirania quando ocorrer a morte do tirano, e não esforçar-se por violência para retirar-lhe o poder, com o risco de arruinar o estado, como aconteceu muitas vezes.

Trapaça dos tiranos

Mas se o tirano tem filhos e se esforça para matar os maiores um depois do outro, como os tiranos costumam fazer, ou para suprimir os magistrados e oficiais que podem impedir o curso de sua tirania, a fim de fazer tudo o que bem quiser sem oposição, então os remédios violentos poderiam servir, segundo as distinções que colocamos acima; de outra forma, não.

É preciso que o sábio político siga as obras de Deus no governo deste mundo

É preciso portanto no governo de um estado bem ordenado seguir esse grande Deus da natureza, que procede em todas as coisas lentamente e passo a passo, fazendo crescer de uma semente miúda uma árvore de grandeza e espessura admiráveis, mas insensivelmente e conjugando sempre as extremidades pelos meios, colocando a primavera entre o inverno e o verão, e o outono entre o verão e o inverno, usando a mesma sabedoria em todas as coisas. E se é perigoso mudar com frequência as leis, digamos também se é perigoso trocar os magistrados ou se é melhor que os magistrados sejam perpétuos.

Capítulo IV

Se é bom que os oficiais de uma República sejam perpétuos

Como não há talvez coisa que mais traz mudanças de Repúblicas que trocar com demasiada frequência ou perpetuar os magistrados, parece que essa questão não deve ser deixada de lado porque ela é das mais úteis e necessárias que podem ser formuladas em matéria de estado e das mais dignas de serem bem compreendidas. Não que eu tenha a intenção de decidi-la, mas somente de abordar as razões que se pode apresentar de um lado e de outro, deixando a resolução àqueles que sondaram mais a fundo a sequência e sua consequência. Tampouco pretendo propor essa questão para dar apoio àqueles que queiram mudar as leis já aprovadas, que os súditos devem achar belas em todas as Repúblicas, nem por desejo de alterar o estado das Repúblicas já estabelecidas e que assumiram sua forma por longa sucessão de anos.

Razões para mostrar que os magistrados não devem ser perpétuos

A razão mais forte que se pode ter para tornar os oficiais anuais é que o primeiro e principal objetivo de toda República deve ser a virtude, e o fim do bom e verdadeiro legislador é tornar os súditos bons e virtuosos.

Recompensas comuns da virtude

Para atingir esse objetivo, convém que ele coloque à vista de todo mundo as recompensas da virtude, como o alvo que cada um se esforça mais do que o outro para atingir. Ora, é certo que a honra não é outra coisa senão o preço e recompensa da virtude, que não deve e não pode ser estimada em contrapartida do proveito. Ao contrário, a virtude não tem inimigo mais capital que o proveito de honra que se avista. Portanto, se os estados, ofícios e comissões honráveis forem retirados de um lugar público para ficar trancados para sempre e ocultos nas casas particulares dos mais indignos, que os obtêm por favor ou por dinheiro, não se deve fazer questão que a virtude seja prezada, visto que é muito difícil, por mais valor que se lhe dê, atrair os homens para ela. Eis o primeiro ponto que deve mover os Príncipes e legisladores para colocar os estados, ofícios e todas as outras recompensas da virtude à vista de todo mundo e distribuí-los aos súditos segundo os méritos de cada um, o que não poderão fazer outorgando-os à perpetuidade.

É preciso por todos os meios cortar a raiz da sedição

O outro ponto que o Príncipe sábio deve ter diante dos olhos é cortar as raízes e tirar as sementes das guerras civis para manter os súditos em boa paz e amizade uns com os outros. Isso tem tal peso que muitos pensaram que era o único objetivo ao qual deve aspirar o bom legislador, pois embora se tenha banido com frequência a virtude das Repúblicas para viver numa licenciosidade desenfreada de todos os prazeres, todos estão de acordo que não há pestes mais perigosas para as Repúblicas que a sedição civil, já que ela acarreta a ruína comum dos bons e dos maus. Ora, a primeira e principal causa de sedição é a desigualdade, e ao contrário a mãe fomentadora da paz e da amizade é a igualdade, que não é outra coisa senão a equidade natural distribuindo as recompensas, os estados, as honras e as coisas comuns a cada um dos súditos da melhor forma possível. Da igualdade nem os ladrões e bandidos conseguiriam abrir mão se quiserem viver juntos. Logo, aquele que reparte as honras e ofícios a um pequeno número de pessoas, como é necessário quando eles são concedidos perpetuamente, este, digo, acende as faíscas de inveja de uns pelos outros e o maior fogo de sedição que pode haver na República. Se houvesse apenas esses dois pontos, parece que eles bastariam para impedir que se torne os ofícios perpétuos, a fim de que cada um tenha parte deles e também a oportunidade de viver em paz.

Impunidade dos magistrados perpétuos

Mas há ainda outros meios pelos quais não somente a união dos súditos e as verdadeiras recompensas da virtude são suprimidas, mas também as penas abolidas, embora haja perigo maior nisso que nas recompensas, pois o homem sábio e experiente não espera outra recompensa de suas ações virtuosas que a própria virtude, o que não se pode dizer do vício nem dos viciosos. Por essa causa as leis divinas e humanas, desde a primeira até a última, não fizeram recomendação maior que a punição dos malvados. E qual punição alcançaria aqueles que estão alçados sempre tão alto que é impossível tocá-los? Quem os acusará? Quem os prenderá? Quem os condenará? Serão seus companheiros? Cortarão eles seus próprios braços? Eles não seguirão tão mau conselho. E se os maiores forem indiciados por furtos e concussões, como punirão os outros? Eles prefeririam enrubescer de vergonha. E se houver alguém ousado o bastante para acusar ou denunciar apenas um desses deuses, fica em jogo a vida do delator se ele não comprovar mais claramente que o Sol as maldades feitas nas trevas.

E mesmo que tudo seja provado, que o magistrado culpado seja denunciado, indiciado e convicto, a cláusula ordinária *Frater noster est* bastará para cobrir e sepultar todas as maldades, falsidades e concussões do mais injusto magistrado que se possa imaginar. E não acontecerá talvez em cinquenta anos que seja feita execução de um entre mil que tiverem merecido. Mas se os magistrados forem anuais, é certo que o temor de ser posto sob exame os manterá sempre atentos, e eles tremerão a cada vez que ouvirem as ameaças que fizeram os tribunos do povo a Mânlio[41]: *Privatum rationem rerum ab se gestarum redditurum, quoniam Consul noluisset.* E o que se poderia ver de mais belo que aqueles que manejaram a justiça, as finanças, os cargos públicos, depois de terem despido a veste de magistrado, virem em roupas civis prestar contas de suas ações? É por isso que Plutarco tanto louvou o costume dos antigos romanos[42], que incitavam os rapazes a acusar em público aqueles que tinham cumprido mal seus encargos, soltando-os como lebréus atrás dos lobos e feras selvagens. Ao fazê-lo, não somente as maldades eram punidas, mas também por emulação e inveja cada um se esforçava para agir bem, e até aqueles que haviam acusado alguns eram vigiados de tão perto que eram obrigados de qualquer maneira a andar na linha durante toda a sua vida.

Tudo isso cessa quando os estados são concedidos vitaliciamente. Eis porque o imperador Cláudio renovou o antigo édito que proibia a continuação de dois estados numa pessoa[43], a fim de que as concussões e malversações dos magistrados, por continuação de poder e de viagens não ficassem impunes. Pois por mais leis e ordenanças que se faça, sempre os maus magistrados se darão as mãos e agirão uns pelos outros, fortalecendo-se de tal modo que será impossível superá-los. Foi essa a causa que levou o capitão Aníbal a apresentar requerimento ao povo de Cartago para tornar anuais os juízes que ocupavam seu estado vitaliciamente[44], o que foi aprovado pelo povo com proibição para todos de continuar dois anos no ofício da magistratura, porque era impossível castigá-los e todos os juízes tornavam-se inimigos de quem atacasse um deles. Pois os magistrados sendo perpétuos e ordinariamente aliados uns dos outros, é impossível esperar deles a punição e menos ainda deles obter justiça caso se tenha algo a tratar com eles. E caso se queira recusar um deles, é preciso pelo mesmo meio recusar toda a bancada, como aconteceu há poucos anos que, por causa de um diferendo entre dois juízes, recusou-se de uma só aliança sessenta juízes, e quarenta e dois de outra numa mesma bancada. É por isso que foi decidido nos estados do país de Languedoc, reunidos em Montpellier no ano de 1556, nos quais eu então me encontrava, e foi dada instrução a Jean Durand síndico do país, para solicitar ao rei que lhe aprouvesse ordenar que

---

41 Lívio liv. 41.
42 Plutarco, Lúculo.
43 Díon liv. 60.
44 Lívio liv. 33.

os parentes próximos e aliados não fossem admitidos numa mesma bancada nem na mesma Corte. Quatro anos depois as mesmas solicitações foram feitas ao rei pelos estados da França reunidos em Orléans.

Mas é impossível remediar esse problema enquanto os estados forem perpétuos, pois há duzentos e cinquenta anos o rei Carlos V e antes dele Felipe, o Belo, haviam ordenado que ninguém fosse juiz no país de seu nascimento, como em caso semelhante Marco Aurélio fez um édito segundo o qual ninguém seria governador de seu próprio país[45], o que foi depois estendido aos conselheiros e assessores dos governadores das províncias e foi muito bem executado, como também ocorreu na Espanha. E na maioria das cidades da Itália o juiz ordinário é estrangeiro, o que também foi solicitado pelos embaixadores da Moscóvia nos estados da Polônia. Mas a ordenança dos nossos reis foi logo sepultada, pela razão que falei. E sem procurar os éditos dos imperadores romanos, encontramos nas Memórias de César[46] que os antigos gauleses e até aqueles de Autun tinham uma lei formidável que proibia que os magistrados continuassem por mais de um ano e que dois de uma mesma família pudessem ser magistrados, nem juntos nem um deles enquanto o outro, que já tivesse sido magistrado, estivesse vivo. Além disso, era expressamente proibido que dois de uma mesma família pudessem ser senadores juntos, nem um deles enquanto o outro, que o tivesse sido, estivesse vivo.

Outrossim, a coisa que mais deve ser recomendada a todos os súditos em geral e a cada um em particular é a conservação do bem público. E qual cuidado, qual preocupação com o bem público terão aqueles que não participam dele? Aqueles que estão alijados dele e que veem os estados serem dados vitaliciamente como presa a poucas pessoas, como terão eles cuidado com o que não os toca nem de perto nem de longe? E se algum homem de bem quiser dizer, quiser fazer, quiser empreender alguma coisa para a utilidade pública, sendo privado quem o escutará? Quem o apoiará? Quem o favorecerá? Assim, vê-se que cada qual, deixado de lado o público, cuida dos seus negócios, e zombariam ou colocariam em curatela aquele que fosse mais cuidadoso com o bem público que com o seu. Pois quanto àqueles que gozam dos estados e ofícios, a maioria deles não têm grande cuidado por eles, já que possuem para sempre aquilo que pretendiam. Ó como seriam mais felizes,

---

[45] Xifilino in Antonino philosopho.
[46] Liv. 7.

e os súditos e a República, se depois que cada um, segundo seu grau e sua qualidade, tivesse gozado dos estados e aprendido a verdadeira prudência ao manejar os negócios, se retirassem para estudar na contemplação das coisas naturais e divinas. Pois é muito certo que a ama de toda sabedoria e piedade é a contemplação, que os homens envoltos em negócios nunca saborearam nem provaram. Não obstante, é o objetivo, é o ápice, é o mais alto ponto da felicidade humana.

Há também outro inconveniente em que os estados sejam concedidos vitaliciamente, a saber, que poucos homens querem abarcar tudo e alguns se apoderam de vários cargos e ofícios, como era antigamente permitido em Cartago[47], embora Platão em suas *Leis* reprove isso e em toda República bem ordenada isso seja proibido. Mas a ambição dos homens sempre atropela as proibições, pois os mais indignos geralmente queimam de ambição, assim como o mau estômago sempre é mais faminto de carne que aquele que digere bem. E jamais esses homens querem rebaixar seus estados e qualidades, mas ao contrário, subir mais e mais. Desse modo, a senhoria de Veneza, para satisfazer a ambição dos súditos, quis que fosse permitido recusar o menor estado àquele que tivesse tido um maior, o que é uma ordenança perniciosa, como se os cargos e ofícios devessem ser regulados pela ambição dos súditos e não pelo bem público. Ou então é mais pernicioso perpetuar os estados para saciar o apetite dos ambiciosos? Pois há o perigo de que, se eles preferirem estourar na mesa da ambição do que se retirar, aqueles que estão esfomeados lhes digam: "Retirem-se!", e se nada quiserem fazer que sejam arrancados pela força, não sem perturbar o repouso da República.

Os anciãos jogados das pontes

Na assembleia dos estados em Roma havia pontes estreitas nas quais era preciso passar para dar seu voto jogando sua tabuleta. E por causa da multidão que lá estava se advertia aqueles que eram já sexagenários que se retirassem das pontes para não serem ofendidos, não que fossem jogados das pontes no rio, como pensaram alguns. Não será mais conveniente para aqueles que gozaram tranquilamente dos estados retirar-se suavemente dos píncaros que se deixar ser derrubados, visto que não há precipício mais escorregadio que

---

[47] Aristóteles, *Política*.

os lugares de honra? Mas o pior que há é que frequentemente, ao cair, eles arrastam consigo a ruína da República, como fez Mário, que, tendo passado por todos os graus de honra e ocupado seis vezes o consulado, o que nunca romano algum havia tido, não contente quis ainda obter o encargo da guerra mitridática, atribuído a Sula por sorteio, embora já estivesse alquebrado pela velhice, a fim de obter o sétimo consulado e perpetuar os estados na sua pessoa. Mas Sula, avisado de que haviam outorgado sua comissão a Mário, retornou imediatamente a Roma com seus partidários e fez um massacre que continuou depois de tal forma que toda a Itália e a Espanha ficaram ensanguentadas e o estado popular reduzido a uma extrema tirania.

Muitos usurparam a soberania por continuação de ofícios

Pelo mesmo motivo, trezentos anos antes, o estado popular foi transformado em facção oligárquica, não por ter perpetuado vitaliciamente, mas somente por ter continuado por dois anos o encargo dos dez comissários deputados para corrigir os costumes, que quiseram continuar pelo terceiro ano e perpetuar sua comissão pela força e pelas armas se não fossem atendidos. Pelo mesmo meio os estados populares foram transformados em monarquias por ter dado os cargos e comissões por mais tempo que era necessário, como a Pisístrato em Atenas, a Fídon na cidade de Argos, a Cipselo em Corinto, a Dionísio em Siracusa, a Panécio na Leôncia, a Fálaris na Jônia. Prevendo isso, o ditador Emílio Mamerco apresentou requerimento ao povo, que passou com força de lei[48], pela qual foi ordenado que a censura dali em diante chegaria ao fim em 18 meses, sendo que havia sido estabelecida para durar cinco anos. E no dia seguinte ele renunciou à ditadura, não querendo continuar nela por mais de um dia, e acrescentou esta razão: *Ut sciatis quam mihi diuturna imperia non placeant*. Pelo mesmo motivo, a Lei Cornélia, publicada a pedido de um tribuno, dispôs que não fosse lícito pedir um mesmo ofício mais de uma vez em dez anos. E por pouco o tribuno Gabínio não foi morto em pleno senado pelos próprios senadores, como lemos em Díon, por ter mandado conceder a Pompeu a comissão da guerra pirática por cinco anos. E ele dá a razão pela qual é muito perigoso outorgar os cargos honoríficos por tempo demasiado

---
[48] Lívio liv. 3.

longo, porque, diz ele, o natural do homem é tal que ele despreza os outros e não pode viver como súdito depois que comandou por muito tempo. É o que dizia Cassiodoro quase no mesmo sentido: *Antiquitas voluit provinciarum dignitatem annua successione reparari, ut nec diutina potestate unus insolesceret, et multorum provectus gaudia reperirent*. Talvez tenha sido um dos maiores meios de conservar o estado dos assírios e persas, que trocavam todos os anos os capitães e tenentes.

E não acontece que os filhos não formulem queixa para serem mantidos e conservados na posse dos estados que seus pais e avós detiveram? Isso de fato foi visto entre os condestáveis de Champagne, da Normandia e da Bretanha, entre os marechais da fé e os grandes camareiros e outros infinitos, até os sargentos enfeudados da Normandia, como observei anteriormente. Do mesmo modo, em Anjou, Touraine e Maine a casa dos Roches teria tornado os ofícios de bailios e senescais hereditários se Luís IX não os tivesse revogado e tornado mutáveis e sindicáveis pela sua ordenança do ano de 1256. O mesmo aconteceu com os principados, ducados, marquesados e condados que foram perpetuados por aqueles que os detinham em forma de comissão. E quase não há lugar em toda a Europa, exceto a Inglaterra, onde essas dignidades não sejam hoje hereditárias, de modo que o poder de comandar e a distribuição da justiça é transferida às mulheres e aos filhos por direito sucessório, e de pública torna-se particular e é vendida a quem dá mais, como era necessário, tendo sido reduzida a patrimônio. Isso deu ensejo a traficar com mais ousadia todos os estados e ofícios quando se viu que pelas leis e costumes a justiça sagrada era profanada pelos últimos arrematantes, inconveniente do qual se originou o costume de perpetuar todos os estados e ofícios. Pois seria uma injúria retirar o ofício ao comprador se não se quisesse devolver-lhe o dinheiro que desembolsou.

Eis os perigos e absurdos encadeados uns aos outros por ter querido perpetuar os estados e ofícios. Mas além das razões que mencionei temos a autoridade dos maiores legisladores, filósofos, jurisconsultos e quase todas as antigas Repúblicas, inclusive as dos atenienses, romanos, celtas e outras infinitas, que floresceram e ainda florescem em vários lugares da Itália, Suíça e Alemanha, e até de Thomas More chanceler da Inglaterra, que tornou todos os ofícios anuais na sua República, outros de seis em seis meses, outros de dois em dois meses, para evitar os inconvenientes que citei.

Os inconvenientes de tornar os ofícios anuais

Por outro lado, sustentar-se-á que é mais conveniente para o bem público tornar os estados e ofícios perpétuos. Pois será preciso sair do cargo antes de ser informado do seu dever, e quando se começar a entender o que se deve fazer no ofício será preciso renunciar a ele e dar lugar a outro novato, de modo que a República sempre cairá nas mãos de pessoas incapazes e sem experiência. Mas postulemos o caso de que os recém-chegados sejam capazes e bem experimentados no seu cargo: mesmo assim, o pequeno número de dias no ano, cuja maioria é ocupada por festas e jogos, acarreta grandes inconvenientes na mudança dos oficiais, pois acontece que os negócios públicos e privados ficam indecisos, as guerras encetadas imperfeitas, os processos e diferendos entravados, as penas e suplícios adiados, as acusações abolidas. Temos um milhão de exemplos em todas as histórias dos gregos e latinos, que tinham ofícios anuais.

Acontecia com frequência que os magistrados e capitães com encargo de fazer e perfazer a guerra eram revogados repentinamente, e tudo ficava atrasado. Foi o que ocorreu quando se tratou de enviar um sucessor para Cipião Africano e o povo, o senado e os magistrados viram-se muito impedidos: *multis,* diz Tito Lívio, *contentionibus, et in Senatu, et ad populum acta res est: postremo eo deducta, ut Senatui permitterent: patres igitur jurati, sic enim convenerat, censuerunt, ut Consules provincias inter se compararent.* Era coisa muito nova convocar o senado para isso. Ao ouvir a decisão do senado pela qual um dos cônsules deveria logo suceder-lhe, Cipião tratou a paz, como disso se gabou, com mais vantagem para o inimigo do que teria feito se não temesse que seu sucessor lhe roubasse a honra de sua vitória. E a guerra contra Mitridates foi adiada mais de 20 anos por causa da variedade e mudança contínua dos sucessores; enquanto isso, o inimigo se fortalecia. Às vezes, no exato momento de travar a batalha o capitão-em-chefe era obrigado a renunciar ao cargo, como ocorreu com os capitães Epaminondas e Pelópidas, cujo cargo expirou quando estavam prestes a travar batalha contra os inimigos. Todavia, sabendo que a República estava perdida se faltassem com o dever e que tinham vantagem sobre o inimigo, eles travaram a batalha e obtiveram uma belíssima vitória que salvou seus aliados e manteve os tebanos em seu estado. De retorno, em vez de serem gratificados, foram acusados de lesa-majestade por terem passado o tempo limitado de seu ofício. Feito e concluído seu processo, foram condenados à morte pelos comissários, embora o povo lhes tenha concedido indulto[49]. Também se sabe quantas fortalezas foram tomadas por ter trocado de capitães, quantas cidades capturadas por ter instituído novos governadores no mesmo momento em que o inimigo estava pronto para sitiá-las, como ocorre amiúde que os favoritos obtenham essa honra e os velhos capitães, alijados, para se vingar passem para o inimigo ou desguarneçam o lugar de víveres e coisas necessárias.

Mas há ainda outra razão que pode impedir que os estados e ofícios sejam mutáveis, a qual Tibério tinha na boca quando ouvia queixas de que era o primeiro a ter continuado os estados e ofícios por longos anos; era, dizia ele, para que aqueles que estavam repletos do sangue do povo, como sanguessugas já saturadas, lhe dessem alguma trégua, temendo que os recém-chegados esfomeados sem trégua nem descanso nenhum acabassem de aspirar o sangue, roer os ossos e sugar o tutano que pudesse restar aos súditos. Parece-me que é uma das razões que deve ter grande peso: *nec enim parcit populis regnum breve*, como diz um antigo autor. Mas Tibério falava da época em que os ofícios eram dados, não vendidos, impetrados, não comprados, reservados às melhores pessoas, não expostos aos mais viciosos por dinheiro. Com mais razão a opinião de Tibério deve valer nas Repúblicas nas quais os estados e ofícios são vendidos a quem oferece mais, pois é de se presumir, dizia o imperador Alexandre e depois dele Luís XII, que os mercadores de ofícios venderão no varejo e o mais caro que puderem aquilo que terão comprado no atacado.

Mas além do que eu disse, como é possível que comande com a autoridade que cabe a um magistrado aquele que vê que logo depois só servirá de número, como se diz, sem faculdade nem poder algum? Quem será o súdito? Quem o respeitará? Quem o temerá? Quem lhe obedecerá? E, ao contrário, se o estado é perpétuo, ele terá segurança e comandará com dignidade, terá frente aos malvados, dará respaldo às pessoas de bem, vingará os ultrajes dos aflitos, resistirá à violência dos tiranos, sem medo nem temor, sem pavor de que seja despojado de seu estado se não tiver cometido delito. Assim se viu alguns dos maiores Príncipes espantados diante da constância e firmeza imutáveis dos magistrados, não tendo o que criticar neles e não ousando destituí-los, temendo também a animosidade dos súditos, para os quais a justiça e o esplendor da virtude são sempre temíveis.

---

[49] Xenofonte, *Rerum graecarum* liv. 7; Cícero, *De divinatione* liv. 1; Plutarco, Epaminondas; Apiano, Siríaco.

E para resumir, se de fato se deve querer ter oficiais e magistrados entendidos, sábios, prudentes e experientes no cargo que lhes é dado, é preciso desejar que eles sejam perpétuos, pois é impossível que os novos magistrados sejam experimentados no seu cargo desde o primeiro ano, visto que a vida do homem é muito curta, seja para conduzir os súditos na guerra, seja para mantê-los em paz, seja para fazer justiça, seja para manejar as finanças. E assim como a ruína das famílias provém geralmente dos novos servidores, também a decadência das Repúblicas provém dos novos magistrados, que trazem novo conselho, novas intenções, novas leis, novos costumes, novos éditos, novo estilo, novos julgamentos, novas maneiras, nova mudança de todas as coisas, desprezando os antigos costumes, as antigas leis, os antigos magistrados. Isso pode ser visto nas Repúblicas dos antigos gregos e romanos, nas quais os novos magistrados mal estavam instalados que já forjavam novos éditos e novas leis para serem falados, sem levar em consideração se eram úteis ou não, contanto que se falasse deles.

Mas não é necessário usar tantos argumentos para verificar e mostrar claramente que os magistrados e oficiais devem ser perpétuos, já que temos a lei de Deus que não está ligada aos lugares e às pessoas, de modo que pode dar o exemplo. Ora, não se vê que os magistrados e oficiais estabelecidos na lei de Deus fossem anuais. Não se vê que aqueles providos dos estados e cargos honoríficos fossem destituídos para dar lugar aos novos, e dar à ambição o que é devido à virtude. Também vemos que Platão, que ganhou o prêmio de honra entre os filósofos, quis que os ofícios fossem perpétuos. Em suma, vemos que a autoridade divina é fundada na razão, e ambas são confirmadas pela experiência e por uma longa sequência, não de pequenas Repúblicas, mas das maiores e mais florescentes monarquias que existem e já existiram em todo o mundo, como as dos assírios, persas, egípcios, partos, etíopes, turcos, tártaros, moscovitas, poloneses, alemães, franceses, dinamarqueses, suecos, ingleses, escoceses, espanhóis, italianos, excluindo algumas Repúblicas que estão em facções perpétuas por causa da disputa pelo ofícios. Ora, não é verossímil que tantos povos tenham tido falta de luz natural, de juízo, de razão, de experiência, visto a conduta de seus estados manejados tão sabiamente e que floresceram por tanto tempo.

Eis as razões de um lado e do outro que poderiam levar uns a estabelecer magistrados perpétuos e outros, anuais. E não há juízo tão sutil que não seja ofuscado à primeira vista ao ouvir as razões de uma parte se não examiná-las de perto e não der ouvidos aos argumentos contrários. É por isso que eu quis brevemente e em poucas palavras colocar à vista de cada um as principais razões.

Dois erros notáveis que muitos cometem no governo das Repúblicas

Mas há dois erros notáveis que se vê ocorrer com frequência nas ações humanas, seja para estabelecer e erguer, seja para manter e assegurar as Repúblicas, famílias e sociedades dos homens, e nos quais se vê tropeçar os maiores espíritos. Um é de olhar demasiado de perto os inconvenientes de uma lei sem pesar o bem que dela advém, o outro é de correr de um extremo vicioso ao outro sem parar no meio, e fugir da água para jogar-se no fogo. Platão quis que os magistrados fossem perpétuos, eis um extremo. Seu discípulo Aristóteles, tendo percebido esse erro, correu ao outro extremo dizendo que era atiçar o fogo da sedição na República. Nem um nem outro fizeram distinção das Repúblicas, que é o ponto do qual depende a resolução dessa questão. Vimos em nossa época um dos maiores personagens deste reino e o primeiro de sua toga adotar a opinião de Aristóteles, esforçar-se por todos os meios para transformar todos os ofícios em comissões e não ter outra coisa na sua boca, sem distinguir em qual forma de República essa mudança é aceitável. Ora, é certo que as Repúblicas contrárias devem ser governadas por meios contrários e que as regras que são próprias para manter os estados populares servem para a ruína das monarquias. Os estados populares são mantidos por mudança contínua de oficiais para que cada um segundo sua qualidade tenha participação nos ofícios, assim como todos participam da soberania, para que a igualdade, fomentadora do estado popular, seja mantida da melhor maneira possível pela sucessão anual de magistrados, e para que o costume de comandar por muito tempo não dê apetite a ninguém para se apoderar da soberania. Porém, nas monarquias não se deve alimentar a ambição dos súditos, que não têm nada a ver com a soberania, mas basta que eles aprendam a obedecer bem ao seu Príncipe. E tanto faz se a monarquia é senhorial ou tirânica, pois já que numa os súditos são escravos naturais do seu senhor e na outra escravos do tirano pela força, seria totalmente impossível que o monarca senhorial e o tirano mantivessem seu estado e dessem poder aos súditos de comandar por sucessão.

Artimanha dos tiranos

Eis porque os tiranos, que não são menos odiados e temidos pelos súditos que os temem e odeiam, por terem pouca ou nenhuma confiança neles, respaldam-se somente em estrangeiros e num número muito pequeno de súditos seus que sabem ser mais leais e fiéis, aos quais confiam a guarda de seu corpo, seu estado, suas forças, seus bens, sem querer mudá-los, não somente porque desconfiam de outros, mas também para não afeiçoá-los à doçura do comando, a fim de que ninguém tenha vontade de se livrar do tirano para tomar seu lugar ou gratificar os súditos. O monarca senhorial, ao qual os súditos obedecem com maior boa vontade como escravos naturais, não fica tão entravado na escolha dos oficiais quanto o tirano, que só é obedecido pela força, e não deixa os estados vitaliciamente, mas à sua discrição e enquanto lhe aprouver, distribuindo-os a várias pessoas a seu bel-prazer, sem lei nem ordenança. O monarca real, que trata seus súditos como o bom pai trata seus filhos, embora tampouco esteja vinculado pelas leis humanas, como os outros monarcas, não obstante estabelecerá leis e ordenanças para a instituição e destituição dos oficiais para que estas sejam mantidas, distribuindo as honras e recompensas não a todos sem distinção, mas àqueles que merecem, levando em consideração mais a experiência e a virtude que o favor daqueles que lhe são mais recomendados.

Mas também a mediocridade[50] louvável em todas as coisas será observada por ele, de modo que tornará vários ofícios perpétuos e alguns mutáveis de três em três anos, e outros a cada ano, inclusive os chefes dos Parlamentos e das finanças e os governadores de país, que de outro modo nunca seriam punidos pelas suas concussões e abusos, distribuindo aos ricos e nobres os ofícios e honras, ainda que não sejam tão experientes quanto os pobres e plebeus, para obviar as sedições, à condição, no entanto, que aqueles que não são suficientemente capazes sejam associados a pessoas bem experientes no seu cargo para cobrir e suplantar o defeito dos outros. E em caso de necessidade ele não ficará tão apegado às suas próprias leis a ponto de não destituir aqueles que terá nomeado perpetuamente se perceber que, pela fraqueza do espírito ou do corpo, aqueles que ele escolheu mal sejam totalmente incapazes para o cargo que detêm, ou para cobrir a vergonha daqueles que são incapazes lhes dará um meio honesto de se desfazer de seu estado, como disse Augusto a

---

50 [N.T.]: Usada aqui no sentido de "meio-termo".

um grande número de senadores que se destituíram por esse meio sem serem forçados, ou pelo menos ele deputará comissários para exercer seu cargo, deixando os oficiais gozarem do título do ofício e dos privilégios.

E para que a justiça, que é o fundamento principal de um estado, seja distribuída santamente ele ordenará que ela seja dada aos corpos e colégios perpetuamente, inclusive para aqueles que julgam sem apelação, seja no cível ou no criminal, para que não somente os juízes sejam mais experientes, tanto por ouvir as opiniões de muitas pessoas quanto pelo longo hábito de julgar, mas também para enfraquecer seu poder, por medo que abusem dele e para que não sejam tão facilmente corrompidos, já que muita água é mais difícil de corromper. Pois frequentemente um juiz bom e virtuoso erguerá toda uma companhia e romperá as facções e práticas secretas dos juízes corrompidos ou que são pessoas de bem mas, manipulados pelos caluniadores e fabricadores de processos, não podem conhecer a verdade. Como eu soube que um único juiz fez mudar de opinião toda uma companhia que havia decidido e decretado mandar matar uma mulher inocente, e por vivas razões fez com que ela fosse absolvida plenamente. Ele merece ser nomeado, foi o conselheiro Potier, senhor de Blanc-Menil, que deixou para a República dois filhos, um mestre dos requerimentos e outro secretário das finanças, que não perdem em virtude para o pai. Pois a experiência de vários séculos nos fez saber que das opiniões comunicadas entre os juízes se faz julgamento muito melhor que das opiniões dadas em segredo, como Aristóteles diz que se fazia antigamente. Mas os romanos mudaram essa forma, como se pode ver em Ascônio Pediano[51], que coloca a diferença entre os dois modos *cum universi judices constituunt, aut singuli sententiam ferunt*, o que Charles Sigon tomou exatamente ao contrário[52]. Eis porque a justiça da Ásia e da África não é tão íntegra quanto a da Europa, porque no mais das vezes há apenas um juiz em cada alçada ou jurisdição, como no grande Cairo do Egito há quatro juízes que têm jurisdições diversas e separadas e cada qual vários lugares-tenentes que julgam à parte. As apelações cabem ao primeiro juiz, chefe dos quatro, que as decide sem companheiro. Assim não é difícil que ganhe aquele que tem mais favor ou mais presentes a lhe oferecer. E fica à discrição dos *cadilesquiers* mantê-los no cargo ou destituí-los todos juntos se aprouver ao grande senhor.

---

51 *In divinationem.*
52 *De judiciis* liv. 2 cap. 2.

Eu disse que o monarca real não tornará todos os ofícios perpétuos nem todos mutáveis porque não é necessário trocar os oficiais miúdos como os tabeliães, sargentos, meirinhos, notários e outros semelhantes, que por não ter poder algum de comandar não podem prejudicar o estado. Ademais, a experiência no cargo, que só se adquire por longo hábito, quer que eles sejam perpétuos. Pode-se dizer o mesmo dos magistrados miúdos que estão sujeitos à correção dos grandes. Mas quanto àqueles que só respondem ao Príncipe soberano, seja nos assuntos das armas, da justiça ou das finanças, se o monarca real os mantiver no cargo por um, dois ou três anos no máximo ele dará abertura à sua justiça para examinar as ações deles, e por esse meio fará tremer os maus, que sempre terão medo do exame.

Colégios de juízes e senadores mutáveis por sucessão

Para que a mudança dos oficiais não se faça repentinamente (já que toda mudança brusca é arriscada) e que as ações públicas não sejam interrompidas, a mudança dos magistrados reunidos em corpos e colégios se fará por sucessão, uns após os outros, como se faz na República de Ragusa em que o senado é perpétuo e os senadores, que são também juízes soberanos, só ficam um ano no cargo, mas não mudam todos repentinamente, e sim sucessivamente e insensivelmente, e depois de ter ficado algum tempo afastados voltam cada qual da sua vez renovados ao cargo. Mas geralmente em todas as Repúblicas esta regra sempre vale e quase não conhece exceção, a saber, que os oficiais perpétuos têm nenhum ou pouco poder de comandar, ou então têm companheiro, e para aqueles a quem for dado poder maior este será breve e limitado pela lei a poucos meses ou anos. Por esse meio cessarão as dificuldades que advêm com a mudança súbita de todos os magistrados por causa das interrupções das ações públicas e não se precisará temer que a República fique sem magistrados como o navio sem piloto, como aconteceu amiúde em Roma por causa das disputas dos magistrados, que impediam uns aos outros ou entravam todos no cargo no mesmo dia e saíam todos no mesmo instante.

Tampouco se temerá que os maus que tiverem ascendido por dinheiro ou por favor aos mais altos graus de honra não sejam castigados ou que os ignorantes obtenham os estados, pois aqueles que terão detido um cargo, após repousar alguns anos, retornarão muito mais experientes. Pois quem quisesse fazer com que cada um dos súditos fosse conselheiro de Estado ou juiz em seu grau, além dos vários inconvenientes que encontraria, precisaria de quantidades de homens sábios, virtuosos, experientes e doutos. Mas ao fazer o que foi dito não haverá tanto problema e os súditos não terão do que se queixar, pois as recompensas de honra serão expostas à vista de cada um, como o alvo que todos visam mas poucos acertam. E quanto menos oficiais e recompensas houver mais eles serão prezados, mais eles serão desejados quando alguém for chamado pela sua virtude, e não haverá motivo para sedição, pois ninguém estará excluído do mérito e recompensa da sua virtude e suficiência. E se for necessário será feito uso de sindicatos em forma de comissão, como se fazia no tempo de Luís IX e de Felipe, o Belo, no ano de 1302 e 1303 para castigar os oficiais.

Sei bem que se oporá algumas dificuldades, e suporei outras ainda, mas não é correto que os inconvenientes de uma lei sejam apresentados sem se considerar as utilidades, visto que não há lei tão boa, dizia Catão o Censor, que não tenha seus incômodos. Já é muito que o bem que pode advir de uma lei seja evidente e maior que o dano que dela se pode esperar. Todavia, os Príncipes mal aconselhados cassam amiúde uma boa lei por causa de um inconveniente que terão visto. Não usarei outro exemplo no presente caso além do de Luís XI, o qual, tendo acedido à coroa, desapontou de repente os antigos servidores de seu pai, que o manipularam tão bem que ele esteve a um passo de renunciar, como confessou depois, ou de perder a coroa e seu estado, e temendo que seu filho caísse no mesmo precipício ele lhe ordenou que mudasse aqueles que tinha citado. Não satisfeito, ele fez uma ordenança na qual declarou todos os ofícios perpétuos e que todos que os detinham não poderiam ser destituídos senão por renúncia, morte ou delito. E por outro édito declarativo do primeiro, publicado e verificado em 20 de setembro de 1482 foi dito que a destituição dos oficiais culpados de delito não ocorreria se o delito não tivesse sido julgado, e ele quis que seu édito valesse tanto no seu reinado quanto no de seu filho. Embora ele não pudesse atar as mãos do seu sucessor, todavia a ordenança foi inviolavelmente observada desde então, apesar de que a antiga cláusula ENQUANTO NOS APROUVER tenha permanecido nas cartas de ofício. Mas isso por si só não acarreta um prazo perpétuo, como diz Alexandre jurisconsulto, mas ao contrário a cláusula de direito implica apenas uma tolerância, se não houver ordenança em sentido contrário. Pois embora no reinado de Felipe, o Belo, no ano de 1302, isso tenha sido aventado, a coisa permaneceu indecisa. Mas Felipe de Valois revogou as comissões e ordenou que os ofícios reais dali em diante seriam perpétuos, o que mostra bem que antes eles eram mutáveis ao bel-prazer dos reis, ainda que os oficiais tivessem cometido delito. E um dos maiores elogios que se faz ao rei Roberto é que ele nunca destitui oficial que não tivesse cometido delito.

Parecerá talvez que, se a cláusula valesse, os magistrados cumpririam melhor sua tarefa por ter a esperança de por esse meio continuarem no cargo se procedessem cada vez melhor, e tomariam cuidado para não errar por medo de serem destituídos. Admito isso na monarquia senhorial bem ordenada. Mas o perigo seria maior se se fizesse essa abertura sob um Príncipe sitiado por bajuladores e rodeado de corsários, pois não haveria homem de virtude que tivesse participação nos estados. Acrescente-se que a monarquia real deve ser governada por leis enquanto a lei puder ser seguida, pois os súditos na monarquia senhorial, como escravos naturais, adoram a majestade do seu senhor soberano e consideram a sua vontade como uma lei da natureza. Mas na monarquia real, na qual os súditos são como crianças, é necessário regular as coisas por leis tanto quanto se puder. De outro modo, se o rei alijar sem causa de um estado e não de outro, aquele que for preterido se sentirá injuriado e ficará descontente com seu rei, que deve ser amado pelos súditos. Para que isso aconteça é preciso remover toda ocasião de animosidade que se poderia ter contra ele. Ora, não há meio maior que deixar a disposição às leis e ordenanças. O douto Budé, que era da opinião que os estados e ofícios fossem mutáveis, sem levar em consideração a ordenança de Luís XI, sustentou que antigamente os presidentes e conselheiros do Parlamento eram anuais, e que o juramento que se fazia no dia 12 de novembro e as cartas-patentes que era preciso obter do rei para a abertura do Parlamento bastavam para mostrar que seus estados eram revogáveis ao talante do Príncipe. Outros foram mais adiante ao sustentar que estes eram apenas comissões.

Instituição do Parlamento de Paris

Se tivessem folheado com atenção os registros da Corte e da Câmara de Contas, teriam achado que o Parlamento, que antes era ambulatório e só tinha poder por comissão, foi instituído como Corte ordinária por Felipe, o

Comprido, com poder, alçada e jurisdição ordinária. Consta da instituição que haveria um ou dois presidentes. O primeiro presidente foi o conde da Borgonha, príncipe do sangue, assim como na câmara imperial o presidente é sempre um dos príncipes do Império. E durou algum tempo o costume de que o primeiro presidente fosse homem de armas. De fato, ainda hoje, no rol de senhores da Corte, o primeiro presidente toma a qualidade de guarda ou cavaleiro, ainda que nunca tenha dado golpe de espada, mas mesmo assim se chama *miles*[53]. Além disso havia oito clérigos e doze laicos, quatro pessoas nos requerimentos do sangue, duas câmaras de investigação onde havia oito laicos, oito clérigos julgadores e vinte e quatro relatores. Eles chamavam de clérigos os homens de toga, casados ou não casados, e os outros de laicos. Isso mostra que o Parlamento, tendo sido fundado em jurisdição e poder ordinários, não carece de cartas para sua abertura. Mesmo assim, o rei Henrique II, tendo comparecido ao Parlamento por causa da dificuldade que este apresentava para verificar alguns éditos, provocado por alguém disse que o Parlamento não teria poder algum se não lhe aprouvesse enviar suas cartas-patentes para fazer a abertura do Parlamento a cada ano, o que espantou alguns. Mas é certo que as cartas-patentes enviadas com essa finalidade e o juramento anual que os presidentes e conselheiros prestavam seguiam apenas o costume, que era necessário na época em que os Parlamentos só eram instituídos por comissão. Mas depois que foram estabelecidos com forma de Cortes ordinárias, as solenidades antigas não são mais necessárias.

    Os magistrados anuais devem prestar o juramento anual, mas aqueles que são perpétuos só devem prestá-lo uma vez. Os magistrados romanos prestavam todo ano novos juramentos porque seu poder era anual, mas os senadores só o faziam de uma vez por todas, pois tinham a dignidade de senador por toda a vida. Pode-se dizer o mesmo da forma das comissões e sentenças da Corte, concebidas sob o nome e selo do rei, e também das missivas da Corte, ainda que sejam concebidas em nome da Corte, mas que no entanto são seladas com o pequeno selo real de flor-de-lis. Mesmo assim, todos os outros magistrados, senescais, bailios, prebostes e governadores de país, que têm poder de comando ordinário ou por comissão, decidem em nome próprio e com seu próprio selo, o que foi conservado da antiga forma, quando o Parlamento era conselho privado dos reis e, por não ter poder

---

[53] [N.T.]: "Soldado", em latim.

ordinário, não fazia nada por si só. E as comissões são sempre outorgadas em nome do rei por ser o único com poder de comandar no seu conselho, como mostramos anteriormente, forma que depois foi seguida na instituição dos outros Parlamentos e até das Cortes de Ajuda, que expedem todas as suas comissões em nome do rei.

Isso levou alguns a dizer que os Parlamentos só têm poder extraordinário e por comissão, mas fica bastante claro pelo que eu disse que eles são os mais ordinários dos ordinários. Quando o rei morre, eles permanecem em seu poder (embora todos os mandamentos e comissões expirem com a morte daquele que os outorgou) e não levam luto. Além disso, as primeiras confirmações do novo rei são sempre outorgadas aos Parlamentos, tal como sempre foi praticado desde o rei Luís XI. Desse modo, seu poder é não somente ordinário, mas também perpétuo, não somente em corpo, mas também em cada um dos membros, oficiais e ministros dos Parlamentos.

Todavia, não quero reprovar o costume dos outros reis e monarcas que revogam os oficiais segundo sua vontade, pois a maioria das antigas e modernas Repúblicas, mesmo populares e aristocráticas, tiveram oficiais anuais e ninguém foi destituído sem o ter merecido. Não obstante, o povo às vezes os revogava, colocando os mais apropriados no cargo que conheciam, como se fazia ao estabelecer os ditadores e outros capitães e governadores com revogação dos magistrados ordinários. Assim foi feito com o cônsul Octacílio[54], que foi destituído de seu cargo a pedido de Fábio Máximo porque não era capaz de enfrentar os inimigos. E não se levava apenas em conta se o magistrado tinha cometido delito para revogá-lo, mas também a sua incapacidade, quer fosse conhecida ou desconhecida quando fossem empossados no cargo, quer tivesse advindo posteriormente. Estimavam também que a fraqueza, a velhice, o furor e outras doenças semelhantes que impedem as retas ações dos homens eram suficientes para destituir os magistrados. O próprio Lúcio Torquato, eleito cônsul pela terceira vez, desculpou-se perante o povo por uma doença dos olhos, dizendo que não era correto colocar a República entre as mãos daquele que só vê pelos olhos de outrem. Mas quantos cegos, surdos e mudos que não têm nenhuma luz de natureza, nem de prudência, nem de experiência para guiar a si próprios não se contentam em manejar as velas e cordames, mas empunham também o leme da República!

---

[54] Lívio liv. 24.

O que dissemos da mediocridade[55] que é preciso observar na mudança e continuação dos magistrados não ocorre somente nas monarquias reais, mas também nos estados populares e aristocráticos, nos quais a maior parte dos ofícios ou quase todos eles devem ser mutáveis a cada ano, ou de dois em dois anos, como se faz na Suíça e em várias outras Repúblicas. No entanto, para a conservação delas, é preciso que haja alguns estados perpétuos, sobretudo aqueles nos quais a experiência e sabedoria são necessárias, como os conselheiros de Estado. É por isso que em Roma, em Atenas e na Lacedemônia o senado era perpétuo e os senadores continuavam em seu cargo enquanto vivessem. Assim como os batentes e dobradiças sobre os quais se movem os grandes fardos precisam ser imóveis, assim também o senado do Areópago e das outras Repúblicas eram como dobradiças firmes e estáveis sobre as quais todos os ofícios mutáveis e todo o estado da República repousava. O contrário deve ser feito nas monarquias, nas quais a maioria dos estados ou quase todos eles devem se perpetuar, fora alguns dos primeiros e principais, como se faz no reino da Espanha, que bem soube guardar essa mediocridade[56] própria do estado real.

Pelo mesmo motivo, os venezianos, que têm estado aristocrático, fazem todos os oficiais mutáveis a cada ano, e alguns de dois em dois meses. Não obstante, o duque, os procuradores de São Marcos, o chanceler e os secretários de Estado são perpétuos, o que os florentinos ordenaram em seu estado depois que Luís XII os libertou da tirania do conde Valentin, e quiseram que dali em diante o duque fosse perpétuo para que a República, em perpétuo movimento e mudança de todos os estados e ofícios, tivesse algo firme e estável sobre o qual pudesse se apoiar. Mas tendo sido abolida pouco depois a ordenança, eles recaíram mais tarde em guerra civil como nunca haviam feito. E se tivessem pelo menos tido o senado perpétuo e os senadores vitalícios no cargo, em vez de trocados e retrocados de seis em seis meses, e se tivessem mantido algum meio-termo entre esses dois extremos de mudança universal e continuação de todos os oficiais, seu estado teria sido assegurado e eles não estariam em contínuas sedições e guerras civis.

Tendo resolvido esse ponto, digamos também se é bom que os oficiais estejam de acordo.

---

55 [N.T.]: Usada aqui no sentido de "ponderação".
56 [N.T.]: Usada aqui no sentido de "ponderação".

Capítulo V

Se é conveniente que os oficiais estejam de acordo

Essa questão de saber se é bom que os oficiais estejam de acordo entre si ou em desacordo pode parecer frívola. Pois quem terá duvidado que é conveniente ou até necessário para toda República que os magistrados estejam unidos na mesma vontade para que todos juntos com um só coração e um só consentimento abracem o bem público?

Razões para mostrar que os magistrados devem estar de acordo

É certo que a República bem ordenada deve assemelhar-se ao corpo humano, no qual todos os membros estão acoplados e unidos por uma ligação maravilhosa e cada qual cumpre sua função, e quando há necessidade um sempre ajuda o outro e é socorrido pelo outro, e todos juntos se fortalecem para manter a saúde, beleza e alegria do corpo todo. Mas se acontecesse que eles tomassem ódio um pelo outro e que uma mão cortasse a outra, que o pé direito suplantasse o esquerdo, que os dedos furassem os olhos e cada membro impedisse seu vizinho, é certo que o corpo ficaria por fim truncado e mutilado, e falharia em todas as suas ações. Assim também se pode julgar da República, cuja salvação depende da união e ligação amigável dos súditos entre si e com seu chefe. E como se poderia esperar tal união se os magistrados, que são os principais súditos e que devem aliar os outros, estão em desunião? Ao contrário, os súditos se tornarão partidários e logo farão a guerra uns aos outros para sustentar cada um o chefe da sua facção, e nas ações públicas uns sempre impedirão os outros. Enquanto isso, a República sofrerá por causa da ambição mútua dos magistrados e lhe acontecerá o que houve com a donzela, pela qual, como diz Plutarco, os perseguidores entraram em tamanho ciúme e paixão que a desmembraram em pedaços. E que desfecho se pode esperar para um exército cujos capitães estão em desacordo? Que justiça deve-se esperar dos juízes que estão divididos em facções? Viu-se com frequência uns opinar contra a opinião dos outros pela inveja e ódio mútuos que tinham e arriscar na sorte a vida, a honra e os bens dos súditos. Assim fez Agesilau rei dos lacedemônios, embora fosse dos mais ilustres que já houve, que, para rebaixar o crédito e autoridade de Lisandro, cassava todas suas sentenças e julgava sempre ao contrário, como diz, somente por despeito a ele[57]. E para abreviar, é certo que as dissensões e guerras civis, peste capital das Repúblicas, tem origem, raiz, alimento e crescimento nas inimizades e ódios entre os magistrados. Portanto, é necessário para a proteção e defesa da República que os magistrados estejam unidos em boa amizade. Eis as razões de um lado.

Razões contrárias para mostrar que os magistrados devem estar em desacordo

Mas por outro lado pode-se dizer que a inimizade dos magistrados entre eles é a salvação da República, pois a virtude nunca tem seu lustro se não for combatida, e o homem nunca se mostra virtuoso senão quando está mordido de honesta ambição para fazer grandes e belas façanhas e sempre vencer seu inimigo fazendo melhor do que ele. Foi o que disse Alexandre, o Grande, a Taxilas rei das Índias, que ofereceu seus bens e seu reino sem combater se Alexandre não fosse suficientemente rico, e se este tivesse demais ele estava

---
[57] Plutarco, Lisandro.

pronto para receber dele; diante disso Alexandre disse todo contente: "Se temos de combater um contra o outro, não será dito que me roubaste este ponto de honra, de ser mais magnífico, mais civil, mais real do que eu", e então lhe deu um grande país e ouro infinito. Assim dizia o rei Túlio Hostílio ao ditador da Albânia Metius Suffetius: "As parcialidades que criticas em nós são úteis para o público, pois debatemos acirradamente pela utilidade pública". Logo, se entre os homens virtuosos a dissensão produz belos efeitos quando eles têm quem combater pela honra, o que se deve julgar dos homens covardes e poltrões por natureza se não forem picados vivamente pela ambição e inveja? É o mais belo fruto que se pode recolher dos inimigos, ir de mal a bem e de bem a melhor, não somente para que eles não tenham nenhum domínio sobre nós, mas também para superá-los. Se isso ocorre quando todos os magistrados são pessoas de bem, com mais razão ocorre quando alguns são maus, aos quais não é apenas conveniente mas também necessário que os bons façam a guerra. E se todos forem maus, é ainda mais necessário que eles sejam inimigos. De outro modo, se permanecerem na posse de sua tirania eles sugarão entre eles o público e arruinarão os particulares. E não pode acontecer nada melhor para os súditos e toda a República do que ver que eles se acusam mutuamente e descobrem seus furtos e concussões, tal como as ovelhas que nunca estão mais seguras do que quando os lobos devoram uns aos outros.

É o que acontece, diz Felipe de Commines, na Inglaterra, onde os grandes senhores se entrematam e o povo pobre fica a salvo de sua invasão. Foi o sábio conselho de Cincinato ao ver que o cônsul Ápio resistia abertamente ao povo para impedir que o número de tribunos fosse dobrado: "Deixa-os fazer, disse Cincinato, quanto mais eles serão, menos entrarão em acordo", pois era preciso apenas um para impedir todos os outros. Foi esse o meio de conservar a República até que, quatrocentos e cinquenta anos depois, Cláudio tribuno do povo apresentou requerimento ao povo que passou com força de lei, por meio da qual foi ordenado que a oposição de um tribuno não podia impedir os outros. Eis porque Catão, o Censor, ao qual se confere a primeira loa de sabedoria e virtude entre romanos, fazia na sua República como na sua família[58], pois sempre instaurava a dissensão entre os seus servidores para descobrir suas práticas e mantê-los sob controle, e incitava sem cessar algum magistrado ou particular a acusar seu companheiro que cometia abuso em

---

[58] Plutarco, Catão Maior.

seu estado. Ele próprio acusou cinquenta vezes e quarenta vezes foi acusado, por temer que os escravos da casa e os magistrados da República, se ficassem demasiado amigos, pilhassem estes o público e aqueles o particular. Desde então a República nunca foi mais florescente que em sua época.

Do mesmo modo, o senado romano concedeu uma boa soma de dinheiro a Marco Bíbulo para comprar o consulado e a voz do povo de modo que ele pudesse fazer oposição a César cônsul, seu inimigo, e alijar Luceio, amigo de César, como diz Suetônio. E sem ir mais longe temos o testemunho de Júlio César, que diz em suas *Memórias*[59] que os gauleses tinham o costume muito antigo de colocar os grandes senhores em liça uns contra os outros a fim de que o povo miúdo, que era, diz ele, como escravo, pudesse ficar garantido contra seus ultrajes e pilhagens. Pois uns fazendo oposição aos outros, os maus controlados pelos bons e os malvados por eles mesmos, não há dúvida que a República esteja muito mais assegurada do que se estivessem de acordo. Também foi essa a causa pela qual o sábio legislador Licurgo instaurou a dissensão entre os dois reis da Lacedemônia e quis igualmente que se enviasse sempre dois inimigos em embaixada para que não traíssem a República e fossem controlados uns pelos outros.

E dizer que as partes do corpo humano que compõem a República bem ordenada nunca estão em desacordo é totalmente equivocado, pois se os humores do corpo humano não fossem absolutamente contrários o homem logo pereceria, já que sua conservação depende da contrariedade entre frio e calor, secura e umidade, o fel amargo e a pituíta doce, a cupidez bestial e a razão divina, assim como a conservação do mundo depende, depois de Deus, da contrariedade que existe em todo o Universo e em todas as suas partes. Assim, é preciso que os magistrados numa República sejam contrários, ainda que sejam pessoas de bem, porque a verdade, o bem público e o que é honesto se descobre por opiniões contrárias e se encontra no meio dos dois extremos. Parece que os romanos tinham esse objetivo principal diante dos olhos de eleger ordinariamente para um mesmo cargo magistrados inimigos um do outro, ou pelo menos contrários em humores e modos de agir, como se vê em todas as suas histórias.

Quando se percebeu que Cláudio Nero conquistaria o consulado porque era ardente e ativo além de valente e corajoso capitão por ter enfrentado

---

[59] Liv. 6.

Aníbal, o senado decidiu conceder-lhe como companheiro Lívio, apelidado o Salineiro, velho capitão e bem entendido dos negócios, embora tão frio e moderado nas suas ações como o outro era fogoso e terrível, mas próprio para requentar a idade de Lívio, um pouco resfriado demais para a guerra. Por esse meio foram unidos e colocados juntos, e obtiveram a vitória memorável contra Asdrúbal, que foi a ruína dos cartagineses e a conservação do estado dos romanos. Depois o povo também fez deles censores, e estavam sempre em desacordo, de modo que um deu nota ao outro, coisa que nunca se tinha visto. E embora estivessem em perpétuo desacordo, eram dos mais virtuosos que existiam então em Roma. Fez-se o mesmo com Fábio Máximo e Marco Marcelo, aos quais foi dada a comissão contra Aníbal: um era frio, o outro ardoroso; um sempre queria combater, o outro sempre temporizava; um se chamava a espada dos romanos, o outro o escudo[60]; um guerreiro, o outro contemplativo. E pelos humores contrários desses dois personagens o estado foi preservado da sua ruína, que de outro modo seria inevitável.

Portanto, se o desacordo dos mais virtuosos magistrados traz um tal fruto para a República, o que se deve esperar quando os bons fizerem oposição aos maus? Eis as razões que se pode deduzir de um lado e do outro.

Resolução da questão

Para resolvê-la, deve-se considerar não somente a qualidade dos magistrados, mas também a forma das Repúblicas. Mas pode-se dizer que é bom em toda República que os pequenos oficiais e magistrados, estando sob o castigo dos maiores, estejam em desacordo, e mais no estado popular que em qualquer outro, já que o povo, tendo apenas os magistrados por guias, é muito facilmente saqueado se os magistrados não forem controlados uns pelos outros. Na monarquia é conveniente que os maiores magistrados também estejam às vezes em desacordo, visto que possuem um soberano que os pode castigar, contanto que o Príncipe não seja nem furioso, nem criança. Mas no estado popular é perigoso que os maiores magistrados estejam em desacordo se não forem pessoas de bem, que nunca entram em debate que possa prejudicar o estado nem o bem público. Assim era o diferendo honrável entre Cipião Africano, o velho, e Fábio Máximo, entre o jovem Cipião e Catão,

---

[60] Plutarco, Marcelo.

entre o censor Lívio e Nero seu colega, entre Lépido e Fúlvio, entre Aristides e Temístocles, entre Escauro e Catulo. Mas se os maiores magistrados no estado popular forem maus ou sua ambição for mal fundada, há o perigo de que seus diferendos sejam causa de guerras civis, como ocorreu entre Mário e Sula, César e Pompeu, Augusto e Marco Antônio. Isso é ainda mais perigoso na aristocracia do que no estado popular, pois os senhores, que são sempre menos numerosos no estado aristocrático e comandam o restante, lidam com o povo, que na primeira ocasião pega em armas contra os senhores se eles entrarem em querelas. Pois poucos senhores no estado aristocrático são logo divididos pelos grandes magistrados em duas partes, e se caem em sedição entre eles e com o povo não se pode evitar que o estado mude. Isso não é de se temer na monarquia, na qual o Príncipe segura a rédea dos magistrados sob seu poder.

Mas é conveniente em toda República que o número dos magistrados soberanos ou que estão próximos da soberania seja ímpar, para que a dissensão seja dirimida pela pluralidade e as ações públicas não sejam impedidas. É por isso que os cantões de Uri, Unterwalden, Zug e Glarus, que são populares, viram-se obrigados a instituir três *amans* magistrados soberanos, em vez de Schwyz que tem quatro, como Genebra tem quatro síndicos, e Berna, Lucerna, Friburgo e Soleure dois *avoyers*, e Zurique, Basileia e Schaffhausen dois burgomestres, embora tenham poder de comandar alternadamente como os cônsules romanos, como dissemos. Na monarquia o desacordo não é tanto de se temer, pois assim como Deus mantém a contrariedade dos movimentos celestes, dos elementos, das simpatias e antipatias num acordo discordante como de vozes contrárias numa doce e muito agradável harmonia, impedindo que um elemento seja oprimido por outro, assim também o Príncipe, que é a imagem de Deus, deve manter e regular as querelas e diferendos dos seus magistrados de modo que permaneçam contrários, para que sua inimizade possa contribuir para a salvação da República. Assim fazia César, que tinha dois capitães em seu exército, os quais tinham inimizade capital um contra o outro, e que tomou gosto nas ações deles contra os habitantes de Beauvais, contra os quais eles empregaram sua cólera. Mas se não tivessem tido um coronel para atemorizá-los sua dissensão teria dado a vitória aos inimigos. Foi o que ocorreu com Luís XII rei da França, que ganhou o estado de Bolonha e venceu o exército eclesiástico por causa do diferendo entre o cardeal de

Pavia e o duque de Urbino, os quais por inveja um do outro se impediram de tal modo que deram a vitória aos franceses. O mesmo perigo teria corrido o estado dos romanos se Fábio Máximo tivesse sido tão pouco aconselhado quanto seu companheiro.

Portanto, é arriscado no estado popular, no qual não há chefe a não ser a multidão, que os maiores magistrados sejam inimigos se a ambição os comanda mais que a salvação da República. Eis porque o senado romano, ao ver que Marco Lépido e Q. Fúlvio, que eram inimigos jurados, foram eleitos censores, foi em grande número fazer-lhes honestas admoestações no intuito de que sua inimizade chegasse a um fim ou uma trégua, para poder cuidar do estado mais belo e mais importante de toda a República. O senado interferia com frequência para pôr de acordo os cônsules e tribunos quando via que suas dissensões eram perigosas para o estado. Mas assim como não é bom que os maiores magistrados no estado popular sejam inimigos, também não é mister que sejam demasiado amigos se não forem pessoas de bem, pelas razões que eu disse acima. É por isso que o jovem Catão, ao ver Pompeu, César e Crasso estreitamente aliados, e que tinham mais poder que todo o resto do povo, exclamou que a República estava vendida. É verdade que, dos dois extremos, é melhor que os maiores senhores e magistrados no estado popular e aristocrático estejam de acordo que em desacordo, pois estando de acordo eles sempre preferirão comandar os outros e conservar o estado de qualquer maneira que seja, em vez de perder a República e o seu poder, coisa a que as inimizades os conduzem quando eles soltaram as velas na tempestade, como dizia Tito Lívio de Calvino Capuano: *Improbum hominem, sed non ad extremum perditum, qui mallet incolumi quam eversa patria dominari.* E quando Cícero viu que a aliança entre César e Pompeu tinha sido rompida pela morte de Júlia, filha de César, e que o intermediador Crasso havia sido morto, ele disse[61]: *Utinam Cn. Pompei amicitiam cum Caesare nunquam coisses, aut nunquam diremisses,* pois a amizade deles diminuiu muito o poder popular e sua inimizade o arruinou totalmente.

Apesar do que diz César acerca do antigos gauleses, concederei que foi conveniente, se não fosse notório, que devido às facções dos maiores senhores da França, que era composta de estados aristocráticos, César sujeitou as Gálias aos romanos. Pois uns chamaram os alemães e outros os romanos, e ficaram

---

[61] Filípicas 2.

por muito tempo à mercê de uns e de outros ao mesmo tempo, e por fim à dos vencedores. E apesar do que diz Felipe de Commines, que na guerra civil da Inglaterra somente os grandes senhores suportaram a perda, é um paradoxo difícil de acreditar. De fato os ingleses, conhecendo o fruto das guerras civis, reúnem com frequência o Parlamento para romper as facções, como aprendi com o sr. conde Rotelant, virtuoso senhor.

Dissemos de que modo os magistrados devem se comportar para com o Príncipe, entre eles e para com os particulares, e se devem estar de acordo. Digamos também como o Príncipe deve se portar com seus súditos e se é conveniente que ele os julgue e que se comunique com eles.

Capítulo VI

Se é conveniente que o Príncipe julgue os súditos e se comunique amiúde com eles

Os reis estabelecidos para julgar os súditos

Parecerá talvez a alguns que essa questão que não foi posta em disputa não comporta nenhuma dúvida e que não é necessário ir adiante, visto que todos os antigos e sábios políticos estão de acordo que os reis não foram estabelecidos outrora para outra coisa senão para fazer justiça, como dizia Heródoto ao falar dos medos e Cícero ao falar dos romanos. Também lemos que os primeiros reis da Grécia, Éaco, Minos e Radamanto, não tinham qualidade mais honrável que a de juízes. E embora Homero chamasse os Príncipes de pastores dos povos, a qualidade de juiz continuou por muito tempo depois dele na pessoa dos Príncipes de Atenas, que detinham o governo soberano por dez anos. E não somente os Príncipes medos, gregos e latinos, mas também os capitães-em-chefe, que eram como soberanos entre os hebreus, não tinham outra qualidade além da de juiz. E quando pediram um rei a Samuel, já alquebrado pela velhice, eles acrescentaram: "para nos julgar, como os outros povos", o que mostra suficientemente que o principal encargo que tinham era de fazer justiça pessoalmente. E a razão principal que pode mover os Príncipes a julgar seus súditos é a obrigação mútua que existe entre o Príncipe e os súditos, pois assim como o súdito deve obediência, ajuda e reconhecimento ao seu senhor, assim também o Príncipe deve ao súdito justiça, guarda e proteção. E não basta que ele preste justiça por outrem, visto que o súdito deve pessoalmente prestar fé, homenagem e serviço, e que a obrigação é recíproca. É certo que há menos interesse em que o vassalo preste fé e homenagem ao seu senhor por procurador do que no senhor prestar justiça por seu oficial, pois nesse caso a obediência do súdito não é colocada em dúvida. Mas o súdito não tem garantia de que o oficial não se deixe corromper por presentes, o que não faria o Príncipe, que é responsável perante Deus, a quem ele não pode dizer que ele encarregou a consciência de seus juízes, pois nem por isso a sua fica desincumbida.

O bem que advém quando os Príncipes prestam justiça pessoalmente

Mas além disso há grande e notável interesse para a conservação das Repúblicas que aqueles que detêm a soberania prestem eles mesmos a justiça, a saber a união e amizade dos Príncipes com os súditos, que não pode ser mais bem alimentada e mantida do que pela comunicação entre uns e outros, que se perde e se aniquila quando os Príncipes só procedem por intermédio de oficiais. Pois parece então aos súditos que eles os desdenham e desprezam, coisa que é mais grave do que se o Príncipe lhes fizesse injustiça, e tanto mais grave que a contumélia é mais insuportável que a injúria simples. Ao contrário, quando os súditos veem que seu Príncipe se apresenta diante deles para fazer justiça, eles saem satisfeitos pela metade, ainda que não tenham obtido o que pediram; "pelo menos, dizem eles, o rei viu nosso pedido, ouvido nosso diferendo, deu-se ao trabalho de julgá-lo". E se os súditos são vistos, ouvidos e escutados pelo seu rei, é incrível como eles ficam encantados de contentamento e de prazer se tiverem um Príncipe minimamente virtuoso ou que tenha algo amável nele. Acrescente-se que não há meio maior para autorizar seus magistrados e oficiais e fazer com que a justiça seja temida e reverenciada do que ver um rei sentado em seu trono para julgar.

Ademais os oficiais fazem frequentemente injustiça aos súditos detendo-se em cláusulas, palavras e sílabas da lei, que não ousam ultrapassar por estarem vinculados e sujeitos a ela. E se tiverem escrúpulo de julgar segundo a lei, é preciso que enviem suas reclamações aos Príncipes e que esperem as respostas e declarações dos éditos, feitas conforme a opinião dos outros oficiais, que querem amiúde olhar no fundo do saco. Desse modo, muitos processos vivem mais tempo do que as partes e às vezes ficam para sempre pendurados no gancho, enquanto, se o Príncipe julgasse, ele que é a lei viva acima de todas as leis civis, acompanhado de seu conselho, ele faria boa e breve justiça, considerando o fundo sem deter-se muito nas formalidades. Por esse meio, as oposições, apelações, requerimentos civis, avocações e infinidade de despachos acumulados que tornam os processos imortais cessariam, e a justiça tomaria seu rumo sem nenhum impedimento. Além do mais, a República seria aliviada dos grandes custos e gordos salários que são devidos aos juízes, e os particulares das gratificações que têm muito pouca graça, além das corrupções e presentes que é preciso fazer e que frequentemente ultrapassam as gratificações, de modo que os súditos, em vez de obter a boa e breve justiça que o Príncipe lhes deve, são obrigados a pagá-la como se fosse a coisa mais preciosa do mundo, e ocorre com demasiada frequência que o mercador é pago e a mercadoria entregue não vale nada.

Ainda há um ponto a considerar, o de que as partes às vezes são tão ilustres que nunca quereriam responder diante de vários juízes, que são atacados por sua indignidade ou iniquidade ou outra qualidade semelhante. Decorre daí que elas resolvem amiúde seus diferendos em combates e a golpes de espada, enquanto o Príncipe com sua presença, com um olhar, com um piscar de olhos os poria de acordo. E se não houvesse outro motivo além de que, ao fazer justiça a seus súditos, o Príncipe se acostuma ele mesmo a ser justo, reto e íntegro (que é o mais alto ponto de felicidade que pode advir a uma República), não se deveria desejar com afeição ardente que o Príncipe nunca cesse de fazer justiça? Por isso a verdadeira ciência do Príncipe é julgar seu povo. As armas lhe caem bem contra o inimigo, mas a justiça lhe é necessária em todos os lugares e em todos os tempos. No entanto, não devemos nos deter tanto nas razões e argumentos quanto no exemplo dos mais sábios Príncipes.

E qual Príncipe terá sido igual a Salomão em sabedoria? Lemos, todavia, que a única prece que ele fez a Deus foi para obter sabedoria a fim de bem julgar seu povo. Por isso suas sentenças eram publicadas por toda a Terra, para o espanto de todos os povos. E quem terá sido semelhante ao grande Augusto em prudência política? Contudo lemos dele que sempre encontrava obstáculos para julgar, mas que, se estava doente, pedia para ser carregado na liteira para fazer justiça. Essa era a ocupação ordinária dos imperadores romanos, que conquistaram o prêmio de justiça acima de todos os Príncipes da Terra, até que houve uma pobre velha cujo pedido o imperador Adriano se recusou a atender, desculpando-se que não tinha tempo para isso: "Renuncie então, disse ela, ao cargo que tens". O imperador, não tendo o que responder, parou para lhe fazer justiça.

Se esse Príncipe que tinha um império tão grande e estava ocupado por tantos assuntos reconheceu a obrigação que tinha, o que devem fazer tantos Príncipes que só têm frações desse império? Não deve cada um deles esforçar-se com sua pessoa, aplicar seu espírito e empregar todo seu poder para fazer justiça? Haja vista que não existe, dizia Plínio, o Jovem[62], mais nobre filosofia que tratar os negócios públicos e fazer justiça colocando em prática o que os filósofos ensinam. Pode-se dizer o mesmo dos negócios de Estado e com mais razão que da justiça, visto que os negócios de Estado tocam de mais perto ao Príncipe que a distribuição da justiça, da qual ele pode se descarregar sobre os magistrados, mas não dos negócios de Estado, a não ser com o risco de ser despojado deles. Pois falar, ver e ouvir pela boca, pelos olhos e pelos ouvidos de outrem é coisa de mudos, cegos e surdos.

É necessário que o Príncipe entenda dos negócios de Estado

Mostramos acima que isso acarretou a ruína de vários Príncipes e a mudança de grandes monarquias. Digo no entanto que essas razões não são suficientes para resolver esta questão e sustentar que o Príncipe deva fazer justiça pessoalmente.

---

[62] Epístolas liv. 1.

Razões para mostrar que não é conveniente que os Príncipes julguem pessoalmente

É verdade que seria muito útil, ou até necessário, se os Príncipes fossem tais como dizia Scylax daqueles das Índias, quer dizer, tão diferentes dos súditos quanto os deuses são dos homens. Pois não há nada mais belo nem mais real que ver um Príncipe fazer façanhas de virtude diante de seu povo, e com sua boca vituperar e condenar os maus, dar elogio e recompensa aos bons, pronunciar sábias palavras e graves discursos em público, pois assim como aquele que ama as pessoas de virtude e odeia os maus é necessariamente homem de bem, assim também o Príncipe que julga bem será necessariamente justo e reto. Diremos, porém, que os Príncipe viciosos devem colocar-se à vista do povo e comunicar seus vícios aos súditos? Pois um ínfimo vício num Príncipe é como uma sarna num belíssimo rosto, e não seria colocar diante do povo um exemplo de vício para atraí-lo, encaminhá-lo ou até forçá-lo a ser mau? Pois não há nada mais natural que o fato de que os súditos se conformam aos hábitos, aos feitos e às palavras do seu Príncipe, e não há gesto, ação ou atitude dele, seja boa ou má, que não seja percebida ou imitada por aqueles que o veem, tendo os olhos, os sentidos e todo o seu espírito prontos para imitá-lo. O sábio hebreu, Platão, Cícero, Tito Lívio deixaram para a posteridade essa máxima como uma regra infalível do Estado.

O exemplo do soberano guia todo o povo

Também Teodorico rei dos godos ao escrever ao senado romano vai além, usando estes termos: *Facilius est errare naturam, quam dissimilem sui Princeps possit Rempublicam formare.* Eis suas palavras relatadas por Cassiodoro, quer dizer, que seria mais fácil o curso da natureza falhar do que o povo ser diferente do Príncipe. Viu-se que o rei Francisco I nesse reino, e Mansor apelidado o Grande, imperador da África e da Espanha, que começaram em épocas diversas e lugares diversos, prezaram as pessoas de saber. Subitamente os príncipes, a nobreza, os eclesiásticos, o povo se dedicaram tanto às ciências que nunca houve um número tão grande de homens doutos em todas as línguas e em todas as ciências do que naquele tempo. Portanto, já que os Príncipes são verdadeiros retratos dos súditos, é preciso que eles sejam perfeitos tanto quanto possível para serem seguidos, ou que não saiam em público, se forem imperfeitos e viciosos. Se me disserem que não é por isso que o Príncipe deve deixar de se mostrar, julgar seu povo e comunicar-se com seus súditos, que saberão escolher e imitar suas virtudes, desprezar e evitar seus vícios, digo que é mais fácil seguir e imitar os vícios que a virtude, e tanto mais fácil porque nossa natureza é mais voltada para os vícios que para as virtudes e que só há um caminho reto que nos leva à virtude, e cem mil que são tortos e nos conduzem aos vícios.

Sabe-se que Alexandre, o Grande, era dotado de virtudes grandes e heroicas, mas maculou fortemente a beleza de suas façanhas pelo costume que tinha de embriagar-se, chegando até a oferecer um prêmio de seiscentos escudos para aquele que bebesse mais e vendo rebentar diante dos seus olhos aquele que havia ganho o prêmio e quarenta dos seus companheiros. Mitridates rei da Amásia imitou Alexandre, o Grande, e superou-o, pois tendo oferecido um prêmio a quem mais bebesse e comesse ganhou ambos, como diz Plutarco, que também conta que, após a chegada de Platão na Sicília, Dionísio, o Jovem, começou a gostar dele e a afeiçoar-se à beleza das musas, abandonando pouco a pouco as bebedeiras, palhaçadas e devassidões, e subitamente sua corte se viu mudada, como inspirada pelo céu. E quando Platão deixou a Sicília, logo em seguida o príncipe voltou aos seus antigos modos, e no mesmo instante os dançarinos, menestréis, proxenetas e outros vermes da corte que haviam sido expulsos foram chamados de volta. Tal é o poder do Príncipe vicioso de mudar e revirar ao seu bel-prazer os corações dos seus súditos, mas sempre mais facilmente para os vícios e coisas ineptas do que para as virtudes.

Por que os franceses são tosados

Ainda darei o exemplo do rei Francisco, que se fez tosar para curar uma chaga que tinha na cabeça; de repente o cortesão e logo o povo todo estava tosado, tanto que dali em diante zombou-se dos cabelos compridos, que era a antiga marca de beleza e de nobreza. Fora até proibido aos plebeus de usar cabelos compridos, costume que durou até a época de Pedro Lombardo bispo de Paris, que mandou retirar a proibição mediante o poder que tinham então os bispos sobre os reis. É verdade que os bajuladores dos Príncipes ajudam muito a conformar os hábitos e modos do povo aos do Príncipe, porque eles preferem deixar de ser si mesmos a deixar de imitar o vício natural do Príncipe, e enquanto o virem rir começarão a rir sem saber porquê. Lemos também que Alexandre, o Grande, e Alfonso rei de Aragão, tendo ambos o pescoço torto, este por natureza e aquele por costume, os bajuladores viravam o pescoço de atravessado para imitar esse defeito, como escrevem o cortesão e Plutarco na vida de Pirro. Portanto, como o natural dos homens é tão propenso a seguir os vícios do Príncipe, não seria perder um povo e arruinar um estado querer colocar à vista dos súditos um Príncipe mal criado e um retrato de vícios como exemplo? Isso é ainda mais perigoso porque, para cada vício que o Príncipe tiver, logo aqueles de seu séquito terão cem, e por todo lugar por onde passarem eles poderão alterar e desgastar a bondade natural do povo, como as lagartas que, depois de ter comido, ainda deixam sua semente para infestar as plantas.

Mas postulemos o caso que o Príncipe não seja vicioso (coisa que se reputa como grande virtude, embora entre a virtude e o vício o caminho seja muito longo e acidentado): é difícil ou quase impossível que não lhe escape algum traço que será notado, e se ele for inepto ou ridículo diante de seu povo, quanto perderá ele da reputação que dele se deve ter? Admitamos, contudo, que ele não seja inepto, nem ridículo, nem vicioso. Postulemos que ele seja virtuoso e bem criado, mas que a comunicação ordinária e a familiaridade demasiado grande dos súditos gere um certo desprezo pelo soberano: do desprezo vem a desobediência contra ele e seus mandamentos, que é a ruína do estado. E, ao contrário, se o Príncipe se mostra ordinariamente aos seus súditos mantendo sua grandeza, com um porte terrível, ele será talvez temido, mas há o perigo de que seja menos amado; mas o amor dos súditos pelo soberano é bem mais necessário para a conservação do estado que o temor, e tanto mais necessário que o amor não pode existir sem o temor de ofender a quem se ama, mas o temor pode muito bem existir e existe com frequência sem amor.

Parece que este grande Deus soberano Príncipe do mundo mostrou aos Príncipes humanos, que são suas verdadeiras imagens, como se deve comunicar com os súditos, pois ele só se comunica com os homens por visões e sonhos[63], e apenas a um número bem pequeno de eleitos, e somente aos mais perfeitos. E quando ele publicou por sua voz o decálogo, fazendo ver seu fogo até o céu e com seus raios e trovões tremer as montanhas, com um som tão horripilante

---

63 Números 12.

de trombetas que o povo rogou com a face no chão que Deus não falasse mais com eles senão morreriam todos, mesmo assim se diz que eles só ouviram sua voz para que tivessem para sempre o temor de ofendê-lo. Não obstante, para incitar os homens a amá-lo ardentemente ele os cumula assiduamente com seus grandes favores, generosidade e bondade infinitas. Portanto, se o Príncipe sábio deve no manejo dos seus súditos imitar a sabedoria de Deus no governo deste mundo, é preciso que ele se coloque raramente à vista dos súditos, e com uma majestade adequada à sua grandeza e poder. Contudo, ele deve escolher homens dignos, que só podem existir em número pequeno, para declarar sua vontade ao restante, e cumular incessantemente seus súditos com suas graças e favores.

O livro do mundo dedicado a Alexandre, o Grande, (atribuído sem razão a Aristóteles, pois não tem nada do seu estilo) faz esta comparação do Príncipe soberano com Deus, dizendo que o grande rei da Pérsia residia num castelo soberbo e magnífico rodeado por três altas muralhas e não se comunicava senão com um número bem pequeno de amigos seus; não obstante, ele recebia notícias em um dia de todo o seu império, desde o estreito do Helesponto até a Índia Oriental, por fogos e sentinelas postadas em altas vigias. Por isso nunca houve Príncipes sob o céu mais adorados, mais reverenciados, mais amados pelos seus súditos do que esses, e que mais longamente tenham conservado seu poder[64]. É por isso também que os Príncipes que são escravos de seus prazeres e volúpias devem se retirar da vista do povo, como fazia o imperador Tibério, que passou muitos anos escondido numa ilha. Pois ao proceder assim o exemplo não desgasta os costumes dos súditos e não pode causar desprezo pelo Príncipe, que deve se preparar para aparecer em público e então acompanhar sua majestade de uma certa brandura, e não somente falar pouco mas também fazer declarações graves e sentenciosas e de estilo que não seja vulgar, ou se ele não tiver habilidade para falar é melhor que se cale. Pois se é verdadeiro o provérbio do sábio hebreu segundo o qual o tolo ao se calar tem reputação de ser sábio, o Príncipe deve ser muito hábil e entendido quando abrir a boca para falar em público, visto que suas palavras, suas expressões, seu olhar são frequentemente tidos como leis, oráculos e sentenças.

Eis porque o imperador Tibério inaugurou o costume de falar ao Príncipe por escrito e responder por escrito, para qualquer assunto que fosse. *Moris*

---

[64] Plutarco, Temístocles e Alexandre.

*erat eo tempore principem etiam praesentem non nisi scripto adire*⁶⁵, para que não lhe escapasse nada que não fosse bem pensado. É possível que ao falar muito e comunicar-se demasiadamente ele cometa vários erros que farão com que seja desprezado ou menos estimado. Como dizia um antigo grego, o Príncipe nunca deve falar antes do povo, ao contrário do que acontece nas tragédias. Mas, dirá alguém, não é o verdadeiro estado de um Príncipe fazer justiça para o seu povo, ouvir as queixas dos súditos, ver os requerimentos dos seus e escutar da boca de cada um suas justas reclamações, que são geralmente suprimidas ou disfarçadas por outrem? Por que se esconderia ele do seu povo?

O costume do rei de Bornéu

Não sou da opinião que ele se esconda tanto que jamais se mostre, como fazem ainda hoje os reis das Índias Orientais e até o rei de Bornéu, que só fala com sua mulher e seus filhos e faz os outros falarem com um gentil-homem por um orifício enquanto segura em sua boca uma zarabatana, como fez com o embaixador do Rei Católico, tal como lemos nas histórias das Índias. Mas embora se mostre pouco, guardando sua grandeza e majestade, ele leva em consideração sua qualidade e seu poder, pois não seria de bom-tom para um pequeno Príncipe imitar os grandes reis da Etiópia, da Tartária, da Pérsia e da Turquia, que não querem nem que os súditos lancem um olhar direto sobre eles e são temidos nem tanto pelo seu poder quanto pela majestade que ostentam quando se mostram aos súditos. Mas os reis da África conservam ainda mais essa majestade, como se pode ver na história de Francisco Álvares, na qual ele fala da majestade do grande Negus, que nós chamamos de Preste João, e na história de Leão d'África, na qual ele fala do rei de Tombut, diante do qual os súditos se põem de joelhos e jogam pó sobre suas cabeças. E se se disser que os povos do Oriente e do Meridião devem ser governados desse modo e não os do Ocidente e do Setentrião, eu digo que não é nada disso, pois bem se sabe que os reis da Inglaterra, Suécia, Dinamarca e Polônia conservam muito mais sua grandeza diante dos súditos que os reis da França, e o rei da Moscóvia mais ainda que todos os outros, e não são menos, e talvez mais obedecidos.

---

65 Suetônio, Tibério.

Perigo de que o estado de um Príncipe seja roubado pelo súdito que tem mais crédito

O maior perigo que pode ameaçar o Príncipe por mandar fazer tudo por intermédio de outrem é que aqueles sobre os quais ele se descarrega lhe roubem seu estado. Contudo, isso não aconteceu nesse reino a não ser sob o rei Childerico, apelidado o Desajeitado, apesar de que os reis da França só se mostravam uma vez por ano na sua majestade, como lemos nas nossas histórias e no autor grego Cedreno, que diz que os antigos reis da França só tinham por prazer beber e comer e deixavam ao grão-mestre do palácio, que ele chama de προ οικόν, todos os negócios. Mas não se deve tirar consequência do exemplo de um rei desprovido de bom-senso para fazer disso uma máxima. Há um meio de evitar isso, e é que o Príncipe tenha, para cada lugar-tenente ou grão-prefeito do palácio, outros dois ou três com igual poder e favor, pois ao fazer isso ele nunca será enganado já que cada um será sempre esclarecido e controlado pelos outros. Foi o que fizeram os imperadores de Constantinopla, que dividiram o estado do grande preboste do palácio em dois ou três prebostados de igual poder e atribuíram a superintendência da justiça e das leis a um chanceler. Pois Tibério ao dar demasiado poder a Sejano, Cômodo a Perênio, Teodósio II a Eutrope, Justiniano a Belizário, Xerxes a Artaban, os merovíngios e carolíngios aos seus grão-prefeitos do palácio colocaram em risco seu estado.

Quanto ao fato da justiça e das queixas e reclamações dos súditos, ele será sempre bem atendido por bons e suficientes magistrados do que pelo Príncipe. Pois bem se sabe quantas partes são necessárias para um bom juiz, que não se encontram nem mesmo nos homens mais suficientes do mundo. E caso se diga que o Príncipe pode ter em torno de si doutos conselheiros para julgar segundo sua opinião e conselho, como Trajano, Augusto, Adriano, Marco Aurélio, Alexandre Severo e outros imperadores que estavam sempre acompanhados dos mais dignos personagens, tudo isso é fácil para aqueles que eram assim educados. Porém, vê-se como é tedioso para os juízes assistir às fugas, manobras e delongas que ocorrem nos procedimentos antes que um processo esteja em condições de ser julgado. Como um rei, um Príncipe soberano suportaria isso com paciência, visto que já tem dificuldade para atender aos negócios de suma importância que se referem ao estado? Se ele se encarregar de julgar e não o fizer, fará injúria aos súditos. Por isso Demétrio, o Sitiador, foi criticado com razão, porque tendo recebido grande número de pedidos colocou-os na dobra de seu casaco e quando passou sobre a primeira ponte de um rio jogou todos na água, como lemos em Plutarco. Os súditos, vendo-se desprezados, conceberam um ódio capital contra ele, e pouco depois ele foi abandonado por seu exército, que se rendeu a Pirro com o reino que ele havia ganho sem combater.

Sempre será necessário recorrer aos comissários para instruir e depois ao Príncipe para julgar os processos, embora seja às vezes difícil e muitas vezes pernicioso separar a instrução do julgamento. Mas postulemos o caso de que o Príncipe tenha boa disposição, que ele possa e queira ver, ouvir e julgar todos os processos de seu povo. É coisa indigna da majestade de um rei fazer da sua corte uma feira ordinária, pois além das manobras, petições e favores que não estão sujeitos a formalidades e da contrariedade das cartas, comissões, decretos e provisões despachados em nome do Príncipe sem seu selo, que se oculta amiúde para fazer injustiça, também é insuportável para os súditos aos quais a justiça é devida nos lugares onde estão ir buscá-la na corte, onde às vezes é mais conveniente abrir mão de seu direito que litigar. Ademais, o mais digno conhecimento de um Príncipe que se encarrega de julgar diz respeito à honra e à vida; e quem seriam os acusadores que aceitariam incorrer em tão grandes gastos por causa do processo e correr o perigo de serem mortos pelos acusados se o Príncipe perdoar o crime? Pois bem se sabe que os Príncipes perdoam mais do que punem, coisa que acarreta a ruína inevitável do Príncipe e de seu estado.

Lei utilíssima da Escócia e de Milão

Para evitar isso, as delações secretas foram introduzidas pelo antigo édito de Conan rei da Escócia, que é hoje praticado na Escócia e se chama indiciamento, e ainda melhor pela ordenança de Milão (que mereceria ser santamente observada em todas as Repúblicas) segundo a qual em toda cidade deve haver na igreja principal um baú furado cuja chave fique em posse dos governadores e no qual seja permitido a cada um jogar secretamente o libelo de acusação contendo o crime cometido, o tempo, o local, os culpados e as testemunhas, com recompensa da metade do confisco para o delator.

Esse é um grande meio de facilitar a punição dos crimes diante dos juízes ordinários, coisa que seria impossível perseguir diante do Príncipe. Por essas dificuldades e razões que notei, quando o imperador Tibério acedeu ao estado ele declarou em pleno senado e depois fez saber por cartas aos oficiais, que não queria interferir em nada na jurisdição dos magistrados. Na verdade, o motivo principal pelo qual os primeiros reis e Príncipes imiscuíam-se nos julgamentos era porque ainda não havia leis e todo o direito dependia da vontade do soberano. Mas depois que foram estabelecidas leis segundo as quais o magistrado era obrigado a julgar, a necessidade de fazê-lo cessou para a pessoa dos Príncipes soberanos.

Se me disserem que o Príncipe pode ser tão sábio, tão justo, tão bem dotado de saber que nunca fará julgamento que não seja equitativo e que sua alçada pode ser tão estreita que bastará para julgar todos os processos, como há vários Príncipes nos países baixos e na Alemanha, e até mesmo na Itália, não seria coisa bela e útil que ele mesmo fizesse justiça? Eu digo que não é conveniente nem para o Príncipe, nem para os súditos. Não direi que por causa da reverência de sua majestade as partes não ousarão falar francamente ou fazer valer seu direito, ou que não poderão ter acesso a ele por causa da multidão de processos que haveria dada essa abertura, mas porque não há nada mais adequado para o soberano que a brandura, para o Príncipe do que a clemência, para o rei do que a misericórdia. Por essa causa o imperador Tito se fez grande pontífice, para não sujar as mãos com sangue humano, ainda que muitos pontífices de sua qualidade e imperadores não fossem tão religiosos como ele. Porém, a brandura e a misericórdia são totalmente contrárias à verdadeira justiça e ao bom juiz, ao qual não somente a lei civil mas também a lei divina proíbem de ter piedade no julgamento (mesmo do pobre). E um dos principais pontos da majestade soberana reside em conceder indulto aos culpados. Seria preciso então que o Príncipe desempenhasse dois papéis contrários, a saber, o de pai misericordioso e o de magistrado íntegro, de Príncipe benigno e de juiz impassível.

Se o caráter do Príncipe for brando e piedoso, não haverá malvado que não escape por força de choro e preces, pelas quais os mais cruéis são frequentemente convencidos. Lemos que o imperador Augusto começou o interrogatório de um parricida deste modo: "Tenho certeza que não mataste teu pai". Era afagar a cabeça do parricida e conceder-lhe graça. Nero também, quando lhe apresentaram a condenação de um homem para assiná-la, disse: "Gostaria de não saber escrever". Eis porque Cícero, ao arguir diante de César, que estava decidido a mandar matar Ligário a qualquer preço, arguiu que não argumentava diante do juiz, mas diante do pai do povo; e que não é o modo de falar aos juízes quando se diz: "perdoai-o, ele errou, ele se enganou, nunca mais o fará"; que se deve dizer isso diante de um Príncipe soberano e diante de um pai; e que aos juízes se diz que o crime é fictício, que as testemunhas são falsas, que não houve nada. Desse modo ele fez ver tacitamente a César que este não devia ser juiz pois ocupava o lugar do soberano. E depois, louvando altamente os feitos, a proeza, a brandura de César, comoveu-o tanto que o fez mudar de cor e de atitude, e arrebatou-o de tal forma que ele não pôde ouvir metade da arguição (que é o mais breve de todos que Cícero deixou por escrito) e concedeu a Cícero mais do que este esperava. Se aconteceu com César, um dos homens mais entendidos de sua época, que no julgamento de seu inimigo capital foi dominado pela força da eloquência de Cícero, um dos maiores oradores que já houve, e perdoou aquele que estava decidido a mandar matar, será que um Príncipe menos astuto e propenso por menos que seja à piedade poderá se garantir contra os balbuciamentos de um advogado afetado, a pobreza de um ancião, as lágrimas de uma mulher, o choro de uma criança? O rei Agesilau foi estimado mais que qualquer Príncipe de sua época, e mesmo assim ao ser importunado com rogos escreveu aos juízes desta maneira: "Se o tal não for culpado do fato do qual é acusado, que seja absolvido; e se for culpado, que seja absolvido por amor a mim; e aconteça o que acontecer, que seja absolvido".

    Se é difícil para um Príncipe escapar disso, é ainda mais difícil no estado popular, no qual o povo se deixa levar com facilidade e ludibriar com palavras, como se pode ver em quase todas as acusações feitas em Atenas e em Roma quando o povo julgava: os inocentes eram condenados e os culpados absolvidos. Todas as histórias estão cheias de exemplos, como lemos que o orador Sérgio Galba acusado, indiciado e convicto de lesa-majestade diante do povo romano, não tendo mais o que dizer, levou crianças ao julgamento para suscitar a piedade do povo, e desse modo escapou. Então Catão disse que, se ele não tivesse recorrido ao choro e às crianças, teria usado pancadas[66]. E assim como o povo é frequentemente enganado pelos discursadores, também

---

[66] Valério Máximo liv. 8.

o são muito Príncipes pelos bajuladores e não podem evitá-lo. É por isso que a nobreza da Polônia obteve de Luís rei da Hungria e da Polônia o privilégio de que os nobres só poderiam ser julgados pelo rei quando se tratasse da vida ou da honra, vendo que poderiam escapar facilmente do julgamento do rei e não do dos juízes, que estão sujeitos às leis. O privilégio é do ano de 1373, lavrado nas ordenanças da Polônia. Disso decorreu que o nobre nunca é condenado à morte, por mais malvadezas que tenha feito, e sempre escapa por dinheiro, e no pior dos casos fica na prisão por um ano e seis semanas. Isso passou com força de lei e é observado ainda hoje, como aprendi do embaixador polonês Zamoski.

    E se o Príncipe não for brando e piedoso, ele será rigoroso e cruel, pois bem se sabe como a mediocridade[67] se encontra em poucos homens e menos ainda nos Príncipes, que se deixam facilmente cair em um ou outro extremo. E se o Príncipe for virtuoso ele terá horror dos homens viciosos, e os mais sábios são então tomados de justa ira e muitas vezes se deixam levar pela cólera. Não há melhor exemplo que o de Augusto, que ganhou o prêmio por ser um dos mais sábios e virtuosos Príncipes que já houve, e que carregava a pena dos condenados e não sofria menos, diz Sêneca, que aqueles mesmos que eram executados. Não obstante, esse Príncipe piedoso, por hábito de julgar e condenar aqueles que eram indiciados, como era necessário, tornava-se cruel e demasiado rigoroso, deixando-se levar por paixão e indignação contra os malvados. Desse modo, um dia em que ocupava seu assento e condenava vários acusados a diversas penas, seu amigo Mecenas, que não podia aproximar-se dele, lançou-lhe um bilhete de papel no qual o chamava de carrasco[68]. Subitamente Augusto se calou, reconhecendo que a cólera o dominava e que ele se precipitava em seus julgamentos. Por essa causa nossos pais ordenaram muito sabiamente que a câmara criminal dos Parlamentos mudaria de três em três meses, e por esse motivo ela foi chamada de rotativa, porque todos os juízes das outras câmaras julgam nela cada qual por sua vez, para que o hábito de condenar e mandar matar os homens não alterasse a brandura natural dos juízes e os tornasse cruéis e desumanos. Além disso, é muito difícil e quase impossível, diz Teofrasto, que o homem de bem não sinta cólera ao ver os crimes detestáveis dos malvados, e às vezes ele se torna furioso e fora de si,

---

[67] [N.T.]: No sentido de temperança, ponderação.
[68] Sêneca, De ira.

como o imperador Cláudio ficou tão ultrajado de raiva ao ouvir um dia recitar as maldades de um homem acusado que pegou uma faca e jogou-lhe no rosto em pleno julgamento[69].

Estranha iniquidade de Calígula

Se o Príncipe que se encarrega de julgar for de natureza cruel, transformará sua corte num matadouro, como o imperador Calígula, que condenou numa só sentença e à mesma pena cinquenta pessoas por diversos crimes, e tinha prazer em cortar a cabeça de pessoas de bem, seja para testar uma cimitarra, seja para dar prova de sua habilidade. Portanto, se é difícil para os mais sábios manter a mediocridade[70] dourada entre a brandura e o rigor, que é necessária aos juízes, não será fácil encontrá-la nos Príncipes, que são no mais das vezes extremos nas suas ações, pois o desagrado num particular é indignação num Príncipe e a ira de um súdito é chamada de fúria num rei. Mas passemos adiante e postulemos que o Príncipe tenha sabedoria, saber, prudência, discrição, experiência, paciência e todas as virtudes exigidas de um bom juiz; ainda assim, não é sem dificuldade que ele julgará seus súditos.

O Príncipe deve se fazer amar pelos súditos

Pois a mais bela regra que pode entreter o estado de uma monarquia é que o Príncipe se faça amar por todos sem desprezo nem ódio de ninguém, se for possível. Para consegui-lo existem dois meios. Um é que a pena justa seja aplicada aos malvados e a recompensa aos bons. Como uma é favorável e a outra odiosa, é preciso que o Príncipe que quer ser amado reserve para si a distribuição das recompensas, que são os estados, honras, ofícios, benefícios, pensões, privilégios, prerrogativas, imunidades, isenções, restituições e outras graças e favores que todo Príncipe bem aconselhado deve outorgar pessoalmente. Quanto às condenações, multas, confiscos e outras penas, ele deve delegá-las a seus oficiais para fazer boa e breve justiça. Ao fazê-lo, aqueles que receberão os benefícios serão levados a amar, respeitar e reverenciar o benfeitor, e aqueles que serão condenados não terão motivo nenhum para odiá-lo e transferirão

---

[69] Suetônio, Cláudio.
[70] [N.T.]: No sentido de meio-termo.

sua cólera aos juízes. Pois o Príncipe, ao fazer o bem a cada um e o mal a ninguém, será benquisto por todos e odiado por ninguém, o que a natureza nos mostra no rei das abelhas, que nunca tem ferrão.

Embora na santa Escritura se veja que não há peste, fome, guerra ou outra aflição que Deus não envie, todos estão de acordo que isso se faz apenas por permissão, e a natureza do verbo transitivo dos hebreus o mostra bem, pois eles o usam ordinariamente quando falam das vinganças de Deus. Lemos também nos poetas que Júpiter tinha três raios, que eles chamavam de *manubias albas, rubras, atras*. O primeiro é branco, serve de aviso, não fere ninguém e se faz apenas pela vontade de Júpiter, lançando sobre o Sol um olhar suave e benigno; por essa causa Sêneca dizia: *Id solum fulmen placabile est, quod mittit Jupiter*. O outro se faz pelo olhar de Júpiter sobre os planetas inferiores, que eles chamam de deuses inferiores; ele fere e destrói, mas não mata ninguém. O terceiro se faz pelo olhar de Júpiter sobre os planetas superiores e as estrelas fixas, que eles chamam de deuses superiores; este mata, destrói e arruína. Pois a teologia dos antigos se conformava aos pontífices, aos filósofos e aos poetas, como diz Marco Varrão no 21º livro das coisas humanas. E todos concordavam que o grande Deus, que eles pensavam que era Júpiter, não podia, na verdade e propriamente falando, ficar ofendido nem irritado. Por isso ele nunca se irritava e não ofendia, feria nem condenava ninguém.

Quanto a mim, penso que é um dos mais belos segredos que manteve por muito tempo esta monarquia e que nossos reis souberam muito bem praticar desde priscas eras, a saber, outorgar todos os benefícios e recompensas e deixar as penas aos oficiais sem relação com as pessoas. Quando o rei Francisco I mandou prender o chanceler Poyet, ele não quis ser seu juiz nem mesmo assistir ao julgamento, mas enviou-o ao Parlamento de Paris. E como o chanceler recusasse todos os presidentes e conselheiros da Corte, o rei lhe permitiu ter dois juízes de cada Parlamento. Por isso cada um pode julgar o quanto a justiça foi sinceramente administrada nesse reino com relação a outros, pois ao mesmo tempo os chanceleres do rei da Inglaterra e do duque de Milão foram também denunciados por lesa-majestade, a saber Thomas More e Jerônimo Moron. Este foi julgado por aqueles que o marquês de Pesquiere nomeou, ele que era chefe da conjuração feita contra o Imperador, e Thomas More teve sua parte adversa por juiz, que tinha usurpado seu estado e nomeado comissários ao seu prazer para a instrução do processo. O rei nomeou doze juízes para dar parecer segundo o costume do país, e eles mal tiveram tempo de dizer GITHI, quer dizer, culpado de morte, antes que o novo chanceler pronunciasse a sentença, como vi nas cartas do legado Caetano ao Papa. Essa condenação deu péssima reputação ao rei da Inglaterra, tanto perante os estrangeiros quanto perante seus súditos, mais pela forma de proceder que pelo fundo em si, o que não teria ocorrido se o rei não tivesse interferido no julgamento, como fez o rei da França no do seu chanceler.

O rei não deve ser juiz nem parte quando se tratar de interesse seu

Talvez me dirão que a qualidade dos Príncipes e grandes senhores, quando se trata da honra, exige o conhecimento do rei. De fato, a Corte do Parlamento respondeu ao rei Carlos VII em 26 de abril de 1458 que João duque de Alençon não podia ser julgado pelo crime de lesa-majestade a não ser na presença do rei e dos Pares da França, sem que pudessem ser substituídos. Em caso semelhante, sobre o parecer requerido pelo rei Luís XI quando se tratou de mover processo contra Renato de Anjou rei da Sicília, a Corte deu a mesma resposta em 26 de abril de 1475, além do que não se podia dar sentença interlocutória contra um Par da França quando se tratava da honra e o rei não estava presente. Todavia, digo que não era para julgar, pois pode-se verificar que o rei antigamente nem mesmo assistia ao julgamento dos culpados de lesa-majestade. E encontra-se nos registros da Corte um protesto de 3 de março de 1385 feito pelo duque da Borgonha como primeiro Par da França ao rei Carlos VI, do qual consta que o rei não devia assistir ao julgamento do rei da Navarra e que isso só cabia aos Pares, dizendo ele que havia um protesto semelhante feito ao rei Carlos V para que não estivesse presente no julgamento do duque da Bretanha. E como ele quis ir adiante, os Pares da França pediram em pleno Parlamento que lhes fosse concedido registro de seu protesto, e por conseguinte foi ordenado ao tabelião por decreto da Corte que entregasse aos Pares e ao procurador-geral do rei o registro de seu protesto. Do mesmo modo, quando se tratou de julgar o processo do marquês de Salusse no reinado de Francisco I, sustentou-se com vivas razões e autoridade divina e humana que o rei da França não podia assistir ao julgamento já que se tratava do confisco do marquesado. Mesmo assim, ele foi adiante, solicitando ao procurador-geral que o marquês fosse condenado e seus bens confiscados, e os demais Príncipes o julgaram mal por isso. Também Alexandre, o Grande, não quis fazer-se juiz nem mesmo assistir ao julgamento dado contra Filotas, Calístenes e outros conjurados contra sua pessoa, como lemos em Quinto Cúrcio.

Pois se é contra a lei natural que a parte seja juiz e que o rei seja parte em todas as causas em que se trata do público ou de seu próprio patrimônio particular, caso em que não pode ser juiz, com mais razão isso deve ocorrer no crime de lesa-majestade, mesmo no primeiro grau, no qual se trata de atentado contra a honra ou a vida do Príncipe. Por essa causa Luís XI não quis dar sentença no julgamento de Pierre Mauclerc conde da Bretanha, ainda que estivesse presente quando este foi julgado, nem tampouco no julgamento de Thomas conde de Flandres, nem Felipe, o Comprido, quis fazê-lo na causa de Roberto conde de Flandres, indiciados por lesa-majestade. Além do mais, as sentenças são dadas em nome dos Pares e não em nome do rei, ainda que ele esteja presente, como se pode ver na sentença de Roberto conde de Flandres, que começa assim: *Nos pares Franciae ad requestam et mandatum Regis venimus in suam curam Parisius, et tenuimus curiam cum XII. aliis personis*, etc. A sentença de Pierre Mauclerc, pela qual ele foi privado da guarda e autoridade no condado da Bretanha, foi dada por um arcebispo, dois bispos, oito condes, Matthieu de Montmorency, o visconde de Beaumont e João de Soissons, e contém estas palavras: *Notum facimus, quod nos coram charissimo domino nostro Ludovico Rege Franciae judicavimus*, etc. Nisso se vê que o rei, ainda que estivesse presente, não dava a sentença, como se pode ver também na causa da sucessão de Alfonso conde de Poitiers, embora só se tratasse do domínio, mas o rei não deu seu parecer. Tampouco o fez o rei Francisco I, ainda que estivesse presente no julgamento do condestável Carlos de Bourbon. Ademais, quando se tratou de julgar a fé e homenagem que devem prestar ao rei os condes de Champagne, isso foi julgado pelos Pares da França e vários condes, estando o rei presente não para julgar, mas somente para assistir. Ainda se pode ver a sentença, datada do mês de julho de 1216, que começa assim: JUDICATUM EST A PARIBUS REGNI, VIDELICET *a Rhemensi Archiepiscopo, et Lingonensi, Guilielmo Catalaunensi, Ph. Belluacensi, Stephano Noviomensi Episcopis, et Odone Duce Burgundiae, et aliis episcopis et Baronibus,* etc. *nobis audientibus et judicium approbantibus,* etc.

E se o Príncipe deve evitar julgar as causas dos súditos nas quais só se trata do particular e nas quais ele não pode ter nenhum interesse, para não dar ensejo à animosidade daqueles que terá condenado, seja com razão ou sem, e para que se mantenha no amor e união dos seus como numa fortaleza muito alta e segura, não deverá ele recusar-se mais ainda quando for parcial com relação àquele de quem ele se faz juiz? Eu vi no processo de Carlos duque de Bourbon que Saint Valier, examinado na torre de Loches pelo presidente De Selva, e o bispo Du Puy, testemunha examinada em Tarrare por Jean Brinon primeiro presidente de Rouen, testemunharam em 1523 que a ocasião que levara o duque a se rebelar tinha sido a resposta que dera o rei Francisco aos artigos que o duque tinha enviado à Corte do Parlamento sobre o processo que ele tinha contra o rei e a regente acerca do domínio. E se ele não tivesse interferido, mas tivesse deixado agir seus juízes e procuradores, ele não teria dado ensejo a um tal sujeito de colocar o rei e o reino no estado em que se encontraram logo depois. Pois, por melhor que seja a justiça que faz o Príncipe, aquele que for condenado sempre pensará que agiram mal para com ele. E dizer que se o Príncipe fizesse justiça ele mesmo teríamos boa e breve justiça e tantas apelações, oposições, requerimentos civis e outras delongas da justiça seriam suprimidas, isso não merece resposta, pois as partes que comparecem à Corte para algum processo sabem bem quais são as dificuldades e demoras que existem antes que se possa ter uma audiência, e a quais custos é preciso litigar. Quanto às apelações, são um meio para corrigir e emendar os julgamentos iníquos.

 E nem sempre a justiça mais breve é a melhor, pois embora Tucídides, o mais ilustre em sua época no senado dos areopagitas, tenha dito que é preciso castigar asperamente os delitos (opinião seguida por quase todos), Plutarco mostrou exatamente o contrário no livro que escreveu sobre a vingança divina que procede lentamente. Com isso Deus dá a entender aos homens que, para ser verdadeiros imitadores de sua justiça, é preciso proceder pouco a pouco, seja para conhecer melhor a verdade, seja para tirar algum fruto dos maus antes que morram, seja para levá-los ao arrependimento, seja para puni-los mais severamente (pois sofre mais aquele que é mantido em temor e espera), seja para julgar com mais justiça. Pois é difícil que o juiz impelido pela cólera, apressado por uns, precipitado por outros, faça justiça que preste, por mais saber e temor que tenha de mal julgar; o que fará então o Príncipe, que não tem nem um nem outro? Os julgamentos dos magistrados são corrigidos uns pelos outros em virtude das apelações, e se o Príncipe se encarregar de julgar quem será aquele que corrigirá suas sentenças? Pois a parte que não deu a entender suficientemente seu feito ao juiz, que não produziu provas bastantes, sempre tem a esperança de suplantar em causa de apelação, mas se o rei se fizer juiz a porta fica fechada aos litigantes após a sentença.

Caso em que o Príncipe deve julgar

Todavia, não quero dizer que o Príncipe não deva às vezes julgar assistido de seu conselho, mesmo que seja sábio e instruído, contanto que a coisa seja grande e mereça seu conhecimento. Sigo nisso o conselho de Jetro, que, ao ver Moisés ocupado da manhã até a noite a fazer justiça para todas as pessoas e todas as causas, disse-lhe: "Estás te matando ao dar-te tanto trabalho. Escolha os mais sábios e eminentes do povo para desencarregar-te. E se houver coisa que seja alta e difícil de julgar, poderás tomar conhecimento apenas dela". Moisés seguiu o conselho de seu sogro. Lemos que Rômulo, tendo conferido ao senado e aos magistrados a justiça, reservou para seu conhecimento somente as coisas importantes[71]. Embora os imperadores depois tenham estendido mais além seu conhecimento, havia certos casos, chamados extraordinários, que eles julgavam. No entanto, julgavam às vezes coisas muito ligeiras e ordinárias, como Cláudio, o imperador mais desastrado que já houve, sempre queria julgar; dele disse Suetônio: *Alium negantem rem cognitionis, sed ordinarii juris esse, subito causam apud se agere coegit*, coisa que ele fazia tão ineptamente que os advogados zombavam dele abertamente, até que houve um deles que lhe disse em grego e foi ouvido pela maioria dos presentes: "Para um ancião, és um grande tolo". Outro ao descer do púlpito estendeu-lhe a perna e o fez cair, e enfim os pajens e lacaios davam-lhe piparotes no nariz e lambuzavam-no enquanto ele dormia.

É o que acontece com os Príncipes abestalhados e malcriados que querem intrometer-se em todas as coisas e se fazer chamar de cordeiros diante de todo o povo; coisa, como eu disse, que é a mais perigosa de todas numa monarquia, quando os súditos chegam ao ponto de desprezar o seu Príncipe. Se o Príncipe fosse tão sábio quanto Salomão, ou tão prudente quanto Augusto, ou tão

---

[71] Dionísio de Halicarnasso liv. 2.

moderado quanto Marco Aurélio, ele bem que poderia mostrar-se em público e julgar com frequência. Mas como essas grandes virtudes são tão raras entre os Príncipes, é muito mais conveniente que eles se comuniquem o menos possível, mesmo se houver estrangeiros, pois os súditos, devido à reverência e amor que devem ao seu Príncipe natural, suportam muitas pequenas imperfeições que o estrangeiro nunca desculpa. E se este viu algo inadequado para um Príncipe ele o divulgará por toda parte, até as mínimas expressões, atitudes e modos de agir. A reputação do rei Agesilau tinha percorrido a Ásia Menor, a Grécia e a África, mas o rei do Egito, ao ver que se espojava num pasto vestido com uma simples túnica de tecido rude e que na sua compleição era magro, pequeno e coxo, não teve estima alguma por ele.

O mesmo se fez com o rei Luís XI, o qual, tendo sido eleito árbitro para julgar o diferendo entre os reis de Navarra e de Castela, os espanhóis logo de cara zombaram dos franceses e de seu rei, que parecia um peregrino de São Tiago com seu chapéu largo bordado de imagens e sua casaca de tecido curtido. Ele não tinha nenhuma majestade na face nem nos modos, e seu séquito estava trajado da mesma maneira, pois ele não podia ver ninguém com trajes opulentos. Ao contrário, o rei de Castela e sua comitiva, que tinham comparecido ornados de roupas suntuosas e com seus cavalos ricamente paramentados, mostravam uma certa grandeza espanhola, que era tamanha que parecia que os franceses eram apenas seus valetes. É verdade que os espanhóis, tendo logo depois descoberto na planície um exército de franceses forte e poderoso, e prestes a agir, concederam ao rei da França as condições tais como ele as queria. Todavia, depois o rei Luís XI, sabendo que a maioria do mundo mede os homens pelo exterior, pela aparência, pelas vestes, quando lhe foi dito que os embaixadores de Veneza tinham comparecido ricamente trajados e bem seguidos, ele também se fez revestir magnificamente com as vestes reais e se colocou num assento elevado para mandar entrar os embaixadores.

A entrevista dos Príncipes é arriscada

Com mais razão é preciso mostrar-se aos Príncipes estrangeiros de modo que não haja nada sórdido, e menos ainda nas palavras e atitudes que nas roupas. Eis porque Felipe de Commines, ao falar da entrevista dos Príncipes, diz que se deve fugir dela tanto quanto se puder, pois a presença sempre diminui a reputação, e a opinião que se concebe das pessoas as torna menos estimadas, coisa que se deve temer ainda mais com relação aos estrangeiros que aos súditos. Ora, aquilo que eu disse que os Príncipes não devem desempenhar tarefa de juízes deve ser ainda mais observado no estado popular, por causa das grandes dificuldades que existem para reunir o povo e fazê-lo ouvir a razão, e depois de a ter ouvido bem julgar. Foi a causa que mais engendrou guerras civis entre os romanos, até que o ditador Sula transferiu o conhecimento de todas as causas aos magistrados, exceto o crime de lesa-majestade em primeiro grau.

Não se deve despojar os magistrados do seu poder para atribuí-lo ao Príncipe

Além dos inconvenientes que notei acima, este é ainda dos maiores, a saber, que não há coisa que mais tenha arruinado Repúblicas do que despojar o senado e os magistrados do seu poder ordinário e legítimo para atribuí-lo inteiramente aos que detêm a soberania, pois quanto mais reduzido é o poder soberano (reservadas as verdadeiras marcas da majestade), mais ele está assegurado. Foi o que disse Teopompo rei da Lacedemônia ao aumentar o poder do senado e instituir cinco éforos a título de ofício, como tribunos populares. Quando sua mulher o criticou por ter diminuído muito o seu poder, ele disse que, ao contrário, o tinha assegurado muito mais para o futuro, pois é muito difícil que um edifício que se ergue alto demais não desmorone logo.

No estado popular e aristocrático não é conveniente que o povo ou os senhores impeçam os negócios

Este é talvez um dos pontos principais que conservaram o estado de Veneza, visto que não há e nunca houve República na qual aqueles que detêm a soberania interferem menos no que cabe ao conselho e magistrados. O Grande Conselho não cuida praticamente de outra coisa senão da nomeação dos magistrados, da promulgação das ordenanças gerais e da concessão dos indultos, que são as principais marcas da majestade soberana. O restante dos negócios de Estado é resolvido pelo senado e pelos conselhos dos dez e dos sete, e a jurisdição pelos outros magistrados. Se isso é louvável e bem ordenado nos estados aristocráticos, com mais razão deve ocorrer nos estados populares, já que quanto mais cabeças há, menos conselho e menos resolução existem. Não posso ser da opinião de Xenofonte, que, ao falar dos atenienses, diz que as leis mais populares mantêm a democracia, quando, diz ele, o povo toma conhecimento de todas as coisas e tudo passa por sorteio e por peso. Isso foi feito em Atenas depois que se retirou do senado dos areopagitas o conhecimento e o manejo dos negócios para transferi-los ao povo[72]; por isso a República foi arruinada logo em seguida. Mas na Suíça, onde os estados populares já florescem há duzentos e sessenta anos e continuam cada vez melhores, o povo não cuida quase de outra coisa a não ser do preenchimento dos ofícios. Também lemos que o estado popular dos romanos nunca foi mais belo do que quando o povo só cuidava dos principais pontos da majestade, o que durou da Primeira Guerra Púnica até que o reino da Macedônia foi colocado sob o poder dos romanos. Mas a partir do momento em que o tribuno Caio Graco suprimiu o poder do senado e dos magistrados para dar ao povo o conhecimento de todas as coisas só houve sedições, assassinatos e guerras civis, enfim essa licenciosidade transbordante do populacho foi seguida por uma servidão extrema. O mesmo inconveniente aconteceu com os megareus, que caíram de um estado popular numa forte tirania, como diz Platão, por causa da licenciosidade desenfreada e do conhecimento de todas as coisas que o povo detinha em detrimento da autoridade, jurisdição e poder do senado e dos magistrados.

Mas o estado nunca deixa de prosperar quando o soberano retém os pontos que dizem respeito à sua majestade, o senado conserva sua autoridade, os magistrados exercem seu poder e a justiça segue seu curso ordinário. De outro modo, se aqueles que detêm a soberania quiserem interferir nos encargos do senado e dos magistrados correrão o risco de perderem o seu. E enganam-se muito aqueles que pensam realçar o poder do soberano quando lhe mostram suas garras e lhe dão a entender que seu querer, suas feições, seu olhar devem ser como um édito, um decreto, uma lei, a fim de que não haja nenhum dos súditos que não tenha uma competência que não seja por ele derrubada ou alterada, como fazia o tirano Calígula, que não queria nem que os jurisconsultos

---

[72] Plutarco, Péricles.

dessem seu parecer, quando disse: *Faciam ut nihil respondeant, nisi eccum*[73], quer dizer, cabe apenas a um só dar parecer, falando de si mesmo. Pois tudo isso gera uma arrogância e tirania insuportáveis num Príncipe.

Esgotado esse ponto, digamos ainda se o Príncipe deve ser partidário nas facções civis.

---

[73] *Allusione facta ad aequum.*

Capítulo VII

Se o Príncipe nas facções civis deve se juntar a uma das partes e se o súdito deve ser obrigado a seguir uma ou outra, com os meios de remediar as sedições

Discorremos sobre como deve ser o soberano nos fatos de justiça com relação aos seus súditos, e se ele deve agir como juiz, quando e como, e em que espécie de República. Vejamos agora, fora dos termos da justiça, quando os súditos estão divididos em facções e parcialidades e os juízes e magistrados são também partidários, se o Príncipe soberano deve se juntar a uma das partes e se o súdito deve ser obrigado a seguir uma ou outra.

Primeiramente colocaremos esta máxima segundo a qual as facções e parcialidades são perigosas e perniciosas em toda espécie de República e que é preciso se possível preveni-las por bom conselho. E se não se tiver cuidado antes que elas se formem, que se procure os meios para curá-las, ou pelo menos que se empregue todos os remédios adequados para atenuar a doença. Não quero dizer que das sedições e parcialidades não provenha às vezes um grande bem, uma boa ordenação, uma bela reformação que não teria existido se a sedição não tivesse ocorrido. Mas isso não quer dizer que a sedição não seja perniciosa, ainda que acarrete algum bem por acidente e, casualmente, tal como no corpo humano a doença superveniente é motivo para fazer sangrias e purgações e expelir os maus humores. Assim também as sedições são frequentemente motivo para matar, expulsar ou banir os mais malvados e viciosos, para que o restante viva em tranquilidade, ou para cassar e anular as más leis e ordenanças para dar lugar às boas, que de outra forma nunca teriam sido aceitas. E caso se quisesse dizer que por esse meio as sedições, facções e guerras civis são boas, também se poderia dizer que os assassinatos, os parricídios, os adultérios, as subversões dos estados e impérios são boas, pois é certo que esse grande Deus soberano faz contribuir para sua honra até as maiores impiedades e maldades que se fazem, as quais não acontecem contra sua vontade, como diz o sábio hebreu. Assim poder-se-ia louvar as doenças, como Favorino louvou grandemente a febre quartã. Isso seria confundir a diferença entre o bem e o mal, o proveito e o dano, a honra e a desonra, o vício e a virtude, enfim seria misturar o fogo à água, o céu e a terra.

    Portanto, assim como os vícios e as doenças são perniciosos para o corpo e a alma, também as sedições e guerras civis são perigosas e perniciosas para os Estados e Repúblicas. Talvez se dirá que elas são úteis nas monarquias tirânicas para manter os tiranos, que sempre são inimigos dos súditos e que não podem durar muito tempo se os súditos estiverem de acordo. Mostrei acima que a monarquia tirânica é a mais fraca de todas, pois é mantida e alimentada somente de crueldades e maldades. Não obstante, vê-se geralmente que ele chega ao fim por sedições e guerras civis, e se considerarmos todas as tiranias que foram derrubadas veremos que isso ocorreu no mais das vezes por facções e guerras civis. Até os tiranos mais astutos, que pouco a pouco mandam matar uns e outros para engordar com o sangue dos súditos e salvar sua vida infeliz, que estendem com esforço e langor, nunca escapam de ser assassinados por conjurados, que se multiplicam à medida que eles mandam matar os súditos, já que estes por necessidade são aliados e estão sempre prontos para vingar a morte de seus parentes. E ainda que os tiranos mandem matar todos os seus parentes, amigos e aliados, mesmo assim suscitarão todas as pessoas de bem contra si. E enriquecer-se com os bens dos súditos é causar sua ruína e seu mal, pois é impossível que o baço inche ou que as excrescências de carne viciosa engordem sem que os outros membros sequem e logo o corpo todo pereça. Assim os florentinos se enganam ao pensar que seu estado estivesse mais seguro enquanto alimentassem as parcialidades entre os súditos de Pistoia, pois eles perdiam assim força e bons súditos, que se arruinavam uns aos outros.

Singularidade da monarquia

Ora, se as facções e sedições são perniciosas para as monarquias, elas são ainda mais perigosas nos estados populares e aristocracias, pois os monarcas podem manter sua majestade e decidir como neutros as querelas, ou juntar-se a uma das partes para levar a melhor sobre a outra ou oprimi-la totalmente. Mas o povo dividido no estado popular não tem soberano, não mais que os senhores na aristocracia divididos em parcialidades, que não têm ninguém que possa comandá-los, a não ser que a maior parte do povo ou dos senhores não pertença à facção e possa comandar o restante. Quando digo facção, não entendo um punhado do povo ou algum número pequeno de súditos, mas uma boa parte deles insurgidos contra os outros. Pois se houver somente um pequeno número, aquele que detém a soberania deve resistir a ele para subjugá-lo, colocando seu diferendo entre as mãos dos juízes desapaixonados. Ou, se a coisa requer a declaração e vontade do soberano, isso se deve fazer com sábio conselho e madura deliberação dos conselheiros e magistrados mais entendidos, que não sejam suspeitos de modo algum de favorecer uma das partes, a fim de que o Príncipe ou aqueles que detêm a soberania não sofram a inveja e má-vontade daqueles que forem condenados. Caso se veja que não se pode apaziguar a facção por meio de justiça e julgamentos, o soberano deve empregar a força para extingui-la totalmente mediante a punição de alguns dos mais notórios e também dos chefes de partidos, e não esperar que eles tenham se fortalecido tanto que não se possa mais resistir a eles. Isso se aplica às facções que não dizem respeito ao Estado, pois se a facção for diretamente contra o Estado ou a vida do soberano, não se deve perguntar se ele tomará partido, pois ele é tomado como partido formal. E se ele tolerar que se atente contra sua pessoa ou seu estado sem tomar providências, ele convidará outros a agirem do mesmo modo.

Mas a diferença estará na forma de punir, pois se o número dos conjurados contra sua pessoa for pequeno ele deve efetuar a punição deles por seus juízes e oficiais, e tanto mais rapidamente quanto menos conjurados houver, e antes que os outros sejam descobertos, para que a punição de um pequeno número mantenha os bons súditos no dever e desvie aqueles que não foram descobertos, sem usar ordálias nem torturas, procurando o que não se quer encontrar. Tampouco se deve dissimular se se descobrir que o culpado conjurou ou quis conjurar contra a vida do soberano. Foi o que aconteceu com um gentil-homem da Normandia que confessou a um franciscano que tinha querido matar o rei Francisco I e o franciscano avisou o rei, que enviou o gentil-homem à Corte do Parlamento, onde ele foi condenado à morte, como fiquei sabendo pelo sr. Canaye, advogado no Parlamento dentre os primeiros homens de seu estado. Talvez tivesse sido melhor puni-lo sem avisar o rei para retirar dele a vontade de um tal julgamento, como fez o imperador Augusto com Q. Gallius, que havia tentado matá-lo[74]. Augusto fingiu nada saber e mesmo depois da sentença de morte dada pelo senado concedeu-lhe indulto, mandando-o de volta a seu irmão, governador de província, e todos louvaram sua brandura e bondade. Não obstante, ele foi morto pelos caminhos por ordem secreta de Augusto, como muitos pensaram. Foi o mesmo expediente que usou seu tio César ao conceder indulto a Marco Marcelo, que logo depois foi morto porque era inimigo capital de César. Mas a maioria, que tinha boa opinião da clemência natural de César e da brandura de Augusto, não julgou que eles tivessem querido agir assim, e os mais argutos os desculparam por ter agido em proteção e defesa de suas vidas.

Mas se os conjurados forem em grande número e se não forem todos descobertos, o Príncipe sábio deve refrear-se de aplicar a tortura contra aqueles que punir, ainda que seja mais forte e possa subjugá-los sem perigo, pois para cada um que ele mandar matar levantar-se-ão cem amigos e aliados que terão talvez poder suficiente – ou pelo menos não lhes faltará vontade – para vingar a morte daqueles ligados a eles por consanguinidade. E mesmo que tudo isso não aconteça, o Príncipe deve evitar ser criticado por crueldade, tanto pelos súditos quanto pelos estrangeiros. Nisso Nero falhou grandemente pois, ao descobrir a conjuração contra sua pessoa e seu estado[75], quis saber por ordálias

---

[74] Apiano liv. 3.
[75] Tácito liv. 14; Suetônio, Nero.

e torturas todos aqueles que haviam participado, e achou-se um número tão grande de acusados com ou sem razão que os verdadeiros conjurados, ao se verem condenados, descarregaram sua raiva sobre os mais leais amigos de Nero, que mandaram matar cruelmente. Isso foi depois a causa da rebelião aberta de todos os capitães e governadores das províncias. Por esse motivo Alexandre, o Grande, tendo mandado punir aqueles que haviam jurado sua morte, mandou publicar um édito no qual derrogou a lei dos macedônios que queria que se mandasse matar cinco dos parentes mais próximos de cada um dos conjurados.

O meio mais seguro de evitar uma conjuração

Mas o mais seguro é prevenir a conjuração, fingindo não conhecer os conjurados. *Optimum remedium insidiarum est, si non intelligantur*, diz Tácito. Assim fez a senhoria de Cartago, que, ao descobrir que o capitão Hannon tinha decidido mandar matar todos os maiores senhores e todo o senado de Cartago nas núpcias de sua filha, mandou publicar um édito contendo o número dos convivas e a despesa que se faria com as núpcias, que era muito pequena[76]. Em caso semelhante Eteônico[77], capitão lacedemônio que mantinha guarnição na ilha de Quios para os habitantes aliados dos lacedemônios, foi avisado de que a maioria dos soldados havia decidido matar os habitantes para se tornarem senhores e que o sinal dos conjurados era carregar uma bengala. Ele tomou consigo uma dúzia de seus mais íntimos e, quando avistou o primeiro entre os soldados que carregava uma bengala, matou-o, dizendo que faria o mesmo com os outros que carregassem bengala. Ao mesmo tempo ele ordenou que os soldados fossem pagos, de modo que, com a morte de um soldado, o fogo da conjura foi extinto antes de inflamar-se, pois se a faísca do fogo de sedição for soprada por um vento impetuoso, nunca se acudirá a tempo.

Por isso os governadores e magistrados devem tomar as providências, pois os Príncipes e senhores soberanos são ordinariamente aqueles que menos sabem dos negócios que os tocam mais de perto. E com frequência os Príncipes e povos estrangeiros são informados das ligas e manobras que se praticam contra os outros e não sentem o fogo que se acende nos seus reinos,

---

[76] Justiniano liv. 21.
[77] Xenofonte, *Rerum Graecarum* liv. 2.

nas suas casas, nos seus gabinetes. A conjuração de Pelópidas para expulsar os lacedemônios de Tebas foi ventilada em Atenas antes que se houvesse descoberto algo em Tebas[78], de modo que o capitão da Cadmeia só foi avisado pelo grande pontífice de Atenas. Diz-se que o imperador Carlos V sabia tudo o que acontecia na França, e no entanto foi advertido de uma conjuração contra seu estado que se tramava na Alemanha perto de sua pessoa e que foi executada no ano de 1552 antes que ele percebesse a fumaça. E sem ir mais longe, a facção de Amboise foi divulgada na Alemanha, Inglaterra e Itália, antes que algo fosse sabido por aqueles contra os quais ela se ergueu na França, de modo que o primeiro aviso foi dado pelo cardeal Granuelle. Não obstante, houve mais de dez mil pessoas que tomaram parte na empreitada.

Por isso é e sempre foi bastante difícil levar a cabo uma empreitada secreta que deve ser executada pela força se poucos homens participam, e ainda mais difícil se vários forem avisados, pois a força falta de um lado, e o segredo é descoberto do outro. Com frequência acontece que as mulheres são as primeiras avisadas e descobrem tudo, como ocorreu com Filotas que revelou a conjuração contra Alexandre à sua amante, e um dos soldados de Catilina revelou a conjuração a Fúlvia. O mesmo foi feito em Veneza por um soldado que falou da empreitada do prior de Cápua, que planejava tomar a cidade de Veneza, a uma cortesã, que advertiu imediatamente o senado. Todavia, é difícil que o Príncipe, por mais sagaz e astuto que seja, possa preservar a vida de um homem decidido que jurou sua morte, pois o segredo e a execução são contra um homem só, e num único homem que sempre sacrificará sua vida a qualquer preço para ter a de outrem, mesmo que esteja rodeado de um exército, como o rei Porsenna estava rodeado da sua quando um soldado romano tentou matá-lo. O mesmo foi feito por um valete de quarto de Lázaro rei da Sérvia, que Bajazet senhor dos turcos tinha mandado matar depois de despojá-lo de seu estado e de tomar sua mulher Irene, mãe de Muhamed, o Grande. Esse valete, para vingar seu mestre, foi matar Bajazet no meio do seu exército, como fez Pausânias com Felipe rei da Macedônia. E Pedro Luís duque de Plaisance foi assassinado em sua fortaleza por dois assassinos diante de sua guarda. E aquele que matou o imperador Domiciano foi buscá-lo em seu gabinete com um braço numa tala, do mesmo modo que o capitão Aod matou Eglon rei dos moabitas. E se Cosme duque de Florença não tivesse sido bem

---

[78] Plutarco, Pelópidas.

sovado quando usurpou a soberania, teria sido morto cem vezes, pois houve entre muitos um assassino que foi até a câmara do conselho onde ele estava e lhe deu um golpe de adaga quando ele estava desarmado. O assassino sabia que sua vida estava perdida, e de fato foi jogado pela janela imediatamente.

Mas já que mencionamos acima alguns meios que podem evitar que o Príncipe caia nessas dificuldades e impedir as conjurações que se podem fazer contra sua pessoa, digamos agora como ele deve se comportar com relação às facções e conjurações que não se dirigem diretamente contra ele nem contra seu estado, mas entre os senhores, ou estados, ou cidades, ou províncias sujeitas a ele. Ele deve preveni-las por todos os meios e não desprezar coisa alguma por menor que seja para obviá-las, pois assim como as grandes tormentas e tempestades são causas de exalações e vapores insensíveis, assim também as sedições e guerras civis começam no mais das vezes por coisas muito ligeiras e das quais nunca se pensaria que levariam a tal desfecho.

De uma faísca inflama-se um grande fogo de sedição

No reinado de Justiniano[79] todas as cidades estavam divididas em facções para manter as cores verde e azul que se empregava nos jogos e torneios por emulação e inveja umas das outras. Elas ganharam tamanha força que os juízes e magistrados de Constantinopla, querendo punir os sediciosos, foram impedidos por outros de sua facção que se ergueram e arrancaram das mãos dos carrascos aqueles que estavam sendo levados ao suplício. E depois de ter rompido e forçado as prisões, fizeram fugir todos os prisioneiros, queimaram o templo de Santa Sofia e, enquanto o imperador se mantinha escondido com sua família, elegeram Hipácio imperador. Por ele lutou-se com tanta intensidade que houve num dia trinta mil homens mortos, e se o chefe da facção não tivesse sido morto o imperador Justiniano teria tido dificuldade para conservar sua vida. Todavia, no começo ele e seus cortesãos se deleitavam. O mesmo aconteceu em Siracusa, onde dois magistrados por inveja de amor no mesmo lugar começaram por rir e acabaram por dividir toda a República em duas facções que se atracaram tão cruelmente que o povo derrubou a aristocracia e se tornou senhor[80].

---

[79] Procópio, De bello persico liv. 1; Zonatas, Justiniano.
[80] Aristóteles, Política.

Portanto é preciso, antes que o fogo da sedição seja inflamado por tais faíscas, jogar água fria sobre ele ou abafá-lo, quer dizer, proceder com palavras suaves e admoestações, ou por força aberta. Foi o que fez Alexandre, o Grande, que, ao ver seus amigos Heféstion e Cratero em dissensão e arrastando consigo os demais, usou admoestações suaves e depois ameaças contra um e outro separadamente, dizendo que ele se insurgiria contra o primeiro que ofendesse o outro; depois disso eles viveram em paz. Nisso nosso santo Luís mostrou-se muito sábio, pois no seu reinado nunca houve diferendo entre os príncipes que ele não resolvesse amigavelmente, como lemos na história do senhor de Joinville. Do mesmo modo, Arquidamo rei dos lacedemônios, ao ver dois dos seus amigos em querela, levou-os à igreja e perguntou-lhes qual árbitro queriam escolher para seu diferendo. E como ambos o queriam por juiz, ele disse: "Jurai-me então que fareis aquilo que eu disser". Isso feito, ele os proibiu de sair da igreja sem ter jurado paz e amizade um ao outro, o que era subtrair-se sabiamente à pressão e à dificuldade do julgamento e conquistar o fruto do acordo, fortalecendo-se com a amizade deles. Pois não há fortaleza mais alta para manter o estado de um Príncipe que a amizade dos súditos. Estou falando do bom Príncipe e não do tirano, que tem prazer em ver os maiores arruinarem uns aos outros e não tem outro objetivo senão atiçar os maiores contra si mesmos. Mas acontece com frequência que os dogues entram em acordo e atacam o lobo, como fizeram os Colonna e os Orsini, que, ao descobrir que o papa Alexandre VI punha-os em rixas e querelas a fim de realçar a casa de seu bastardo com a ruína das demais, concordaram em resistir juntos contra o inimigo comum.

A obrigação dos malvados e homens desesperados

E se o tirano vê que os maiores dos seus súditos não querem se arruinar, ele se une a uma das partes, obrigando-a por alguma malvadeza irremissível a derrotar a outra. Foi o que fez João Bentivoglio, que era chamado o tirano de Bolonha e que, temendo que os maiores entrassem em acordo, tomou a mão de uns e obrigou-os a matar os Marescotti, que eram os mais ricos e mais seguidos em todo o país, para que por esse meio ele se livrasse de uns e fosse apoiado pelos outros. Não obstante, todas as suas trapaças tirânicas não puderam evitar que ele fosse expulso de seu estado. E como a obrigação de uma maldade assinalada é mais forte, por isso é a que mais se deve temer em toda República, porque ela rompe toda esperança de acordo e amizade com aqueles que receberam a injúria. Foi o que ocorreu com o exército de Cartago, que por falta de pagamento se revoltou contra a senhoria sob a liderança de dois ou três capitães que tomaram várias cidades e fortalezas. Temendo ser enfim entregues e traídos pelos soldados, eles persuadiram os chefes e principais de matar os embaixadores da senhoria e enforcar o capitão Asdrúbal e todos os cartagineses que caíssem em suas mãos, para que por obrigação de tais crueldades eles não tivessem nenhuma esperança de salvar sua vida por negociação. Nesse caso não há outro meio senão a força para exterminar aqueles que não podem ser curados, como foi então o exército dos cartagineses, que foi derrotado numa guerra longa e cruel, pois tinha se insurgido diretamente contra a senhoria.

O soberano deve conceder árbitros aos grande senhores

Nesse caso dissemos que por necessidade o soberano deve tomar partido. Mas se a querela for entre dois senhores e o Príncipe não puder levá-los a um acordo nem pela suavidade das palavras nem por ameaças, ele deve conceder-lhes árbitros não suspeitos que obterão eles mesmos um acordo. Ao proceder assim o Príncipe se desencarrega do julgamento e do ódio ou má vontade que pode ter aquele que for condenado. Pois como esse meio é e sempre foi louvável entre os reis e povos, de remeter à arbitragem dos outros Príncipes os diferendos, e como aqueles que são eleitos árbitros escolhem os mais sábios e menos suspeitos entre as partes, com mais razão o sábio Príncipe deve, segundo seu direito, fazer condescender seus próprios súditos, até aqueles ligados a ele por aliança ou pelo sangue, para que nunca se saia, se for possível, dos termos de razão para pegar em armas. Sobretudo, o Príncipe não deve se mostrar mais afeiçoado a um que ao outro, o que foi causa da ruína de muitos Príncipes. Felipe I rei da Macedônia só foi morto por causa do favor que tinha por Antípater contra Pausânias, simples gentil-homem, que descarregou sua cólera sobre o rei[81]. O mesmo aconteceu com Henrique VI rei da Inglaterra, que, ao favorecer os partidários da casa de Lancaster contra a casa de York, colocou seu reino em tal combustão que os partidários da

---
[81] Plutarco, Alexandre.

rosa vermelha pegaram em armas contra ele. A guerra civil durou vinte e oito anos, durante os quais foram mortos oitenta príncipes do sangue, como diz Felipe de Commines, e o rei foi enfim despojado de seu estado e morto pelos seus súditos. E a conjuração que ergueu o marquês de Pesquierre contra o imperador Carlos V estava fundada no favor que o imperador demonstrava pelo vice-rei de Nápoles contra o marquês.

Seria tempo perdido deitar por escrito as guerras cruéis e sangrentas que foram suscitadas nesse reino por Roberto de Artois, Luís de Évreux rei da Navarra, Jean de Montfort, João da Borgonha e vários outros de nossa época que não é preciso arrolar. E tudo isso por favores dos reis que quiseram exercer o ofício de advogados, sendo juízes e árbitros, e que, esquecendo o grau de majestade em que estavam alçados, desceram aos lugares mais baixos para seguir a paixão de seus súditos, tornando-se companheiros de uns e inimigos de outros. E se se disser que por esse meio o rei saberá as notícias e manterá as partes em temor, concordarei que um jovem rei o faça entre as damas para ter prazer e saber bastantes notícias, mas não entre os Príncipes e grandes senhores. Mas dir-me-ão que o Príncipe às vezes é obrigado a fazê-lo quando aquele que está errado não pode ser vencido nem por admoestações, nem por julgamentos, nem por arbitragens. Digo nesse caso que necessidade não tem lei, mas o Príncipe, antes de chegar a isso, deve tentar todos os meios possíveis, e caso necessário manter a força ao seu lado, pois aquele que for tão rebelde e descuidado a ponto de não se vergar à razão não encontrará muitos homens para tomar seu partido. Ainda se pode dizer que a ocasião da querela pode estar tão escondida que a prova não poderá ser feita, nem julgamento algum. No entanto, aquele que tiver recebido a injúria exigirá reparação, caso em que os Príncipes se verão muito constrangidos, pois o Príncipe pode dispor da vida e dos bens do súdito, mas não tem poder sobre sua honra. Assim o Príncipe pode dizer que não pode reparar a honra, não tendo prova suficiente da ofensa que se causou àquele que se diz ofendido, embora haja alguma grande conjectura.

A ocasião do combate

Nesse caso, os povos do Setentrião outorgavam os combates, como se pode ver nas leis antigas dos lombardos, sálios, ripuários, anglos, burgúndios, daneses, alamanos e normandos, que chamam o combate em seus costumes de lei evidente. Muitos reprovaram isso como coisa bestial que jamais foi aceita nem praticada pelos assírios, egípcios, persas, hebreus, gregos nem latinos, exceto como fato de boa guerra de um súdito contra o inimigo, com permissão do general do exército, ou até de um general contra outro, para poupar o sangue dos súditos, como Cosse e Marcelo, que combateram cada um contra um rei dos inimigos, ou de um rei contra outro, como Rômulo contra um rei latino, Hundig rei da Saxônia contra Roé rei da Dinamarca e Carlos de França rei de Nápoles contra Pedro rei de Aragão (embora seja verdade que estes últimos não combateram). Todavia, vale mais a pena outorgar os combates entre os súditos segundo a forma antiga e legítima, quando as pessoas são da mesma qualidade e fazem profissão de honra e quando há alguma aparente conjectura da ofensa recebida (pois as leis antigas nunca permitiram o combate quando havia prova), do que, negando o combate, nutrir um fogo de guerra civil nas entranhas, que depois consome todo o corpo da República, postulando o caso que as partes sejam tão grandes e tão poderosas e tão inflamadas de inimizade que seria impossível mantê-las em paz, pois de dois males sempre se deve fugir do maior.

Acrescente-se também que é bastante perigoso suprimir um costume que foi julgado necessário durante mil e duzentos anos. Rotaris rei dos lombardos quis retirá-lo de seus súditos mas foi obrigado a restabelecê-lo por inteiro, protestando que era desumano e ruim, como se pode ver nas leis dos lombardos, e todavia necessário para evitar inconvenientes maiores, pois para um assassinato cometido na presença de dois magistrados ocorriam cem por traição. Luís XI, tendo a honra de Deus e a salvação de seus súditos diante dos olhos, foi o primeiro que proibiu os combates nesse reino. O édito é como segue: PROIBIMOS BATALHAS EM TODO O NOSSO DOMÍNIO EM TODAS AS QUERELAS. E como o édito era pouco respeitado, Felipe, o Belo, mandou também publicar édito semelhante por meio do qual proibiu os combates, mas dois anos depois de os ter proibido ele foi obrigado a restituí-los a pedido e por insistência dos súditos, por causa das matanças e assassinatos que se cometiam por toda parte. Felipe de França, apelidado o Destemido, duque da Borgonha, fez proibição semelhante na Holanda, onde os combates ocorriam sem causa e sem distinção das pessoas, mas ele não suprimiu totalmente os combates. Coisa muito mais bárbara foi Froton, rei da

Dinamarca, ter ordenado o combate para decidir todos os diferendos, como diz o historiador Saxão, costume que é geral em todo o país da Moscóvia. Porém, de nossa memória o Príncipe de Melfi, lugar-tenente do rei no Piemonte, não encontrou meio mais conveniente para extinguir os assassinatos e sedições, que eram ordinários entre os soldados, senão preparar um local entre duas pontes onde os combates aconteceriam, com a condição de que o vencido seria morto pelo vencedor e jogado na água. O risco unido à desonra tornou os soldados mais sábios e por esse meio as sedições cessaram.

Além disso, o desmentido, entre aqueles que fazem profissão de honra, comporta uma infâmia, e mesmo entre plebeus enseja ação de injúria, ainda que se adicione estas palavras "sob correção" ou "salvo vossa reverência". E de fato o rei Francisco I disse um dia na assembleia dos maiores senhores que não era homem de bem aquele que suportava um desmentido, o que ele disse tendo desmentido o imperador Carlos V por intermédio dos seus arautos, pelas palavras que ele havia dito contra sua honra. Todavia as consequências estenderam-se até os mais simples valetes, o que foi causa de muitos assassinatos; para obviá-los, Carlos IX, dando seguimento ao édito feito por seu pai sobre a proibição dos combates, declarou que tomava sobre si a honra daqueles que pensassem ter sido prejudicados por não ter combatido. No entanto, nunca se viu tantos assassínios, pois aquele que exigisse em julgamento a reparação de um desmentido ficaria exposto ao escárnio de todos, e na opinião de muitos ele estaria desonrado se fizesse profissão de nobreza ou de honra. Todavia, talvez com o tempo essa opinião possa mudar.

Forma de outorgar os combates

Mas quando eu digo que o combate é às vezes conveniente, não entendo que isso seja permitido por édito, mas que se deve outorgar somente em caso de necessidade e por cartas expressas do soberano, depois de ter ouvido as partes e para evitar os assassinatos e sedições que deles poderiam advir. Ademais, os amigos e partidários daqueles que estarão em litígio ficarão fora de perigo e não serão obrigados a aderir às querelas de outrem. Mas isso deve ser permitido quando se trata de crime capital que tenha sido cometido e cuja prova não seja suficiente, segundo as antigas ordenanças, que querem ainda que o vencido seja declarado infame, degradado de todos os estados e honras e condenado a uma morte ignominiosa, se não preferir morrer pelas mãos do vencedor, o que repugnaria a muitos que participam. Pois mesmo depois que Felipe, o Belo, levantou as proibições que tinha feito, não obstante foi dito por decreto do ano 1307 que os combates não seriam outorgados sem conhecimento do magistrado. E por outro decreto dado dois anos depois entre os condes de Foix e Armagnac foi dito que os combates não ocorreriam quando se tratasse apenas de ponto de direito, como é o costume do Béarn. Também foi ordenado pelos primeiros reis de Nápoles que os combates só aconteceriam em caso de lesa-majestade e de homicídio casual, embora Faber diga que ocorriam combates para todos os crimes fora o furto.

Eis o que se devia dizer quanto às querelas particulares e aos meios de apaziguá-las. Mas se são querelas entre as famílias, ou entre os corpos e colégios, a via dos combates não deve ser utilizada, mas é preciso por via de justiça manter as partes em boa paz ou acomodá-las pela força, e fazer uso de penas rigorosas contra aqueles que infringirem as proibições, de modo que a justiça seja armada nas execuções que forem feitas. Assim foi feito em Roma quando por decisão do senado foi ordenado que seriam executados quatrocentos escravos inocentes, com o que todo o povo miúdo se revoltou e estava prestes a pegar em armas se o imperador Nero não tivesse mandado as legiões pretorianas ocupar as ruas. Justiniano, por sua vez, deixou de fazê-lo e ocorreu a sedição que mencionamos acima. Por causa do mesmo erro, o povo romano arrancou das mãos da justiça um sedicioso chamado Voleron no momento em que este estava sendo despido para levar golpes de bastão chamados de fustes, grossos como um dedo, e então o povo fez dele tribuno para fazer oposição ao senado e à nobreza. É verdade que a nobreza e o povo miúdo tinham más relações e sempre havia alguma sedição se o inimigo não pegasse em armas.

O único meio que se encontrava para apaziguar as sedições era fazer a guerra aos inimigos, e se não havia nenhum era preciso forjá-los. Assim que os cartagineses negociaram a paz com os romanos depois da Primeira Guerra Púnica, eles entraram numa espécie de guerra civil, o que sempre ocorria com os romanos se ficavam um momento sem guerra. Assim se vê que eles fecharam o templo de Janus, que era o sinal da paz universal, somente duas vezes em setecentos anos. E se prestarmos atenção às histórias, veremos que nunca houve nada mais pernicioso para um povo valente e guerreiro do que a paz, pois os homens acostumados com a guerra e formados no manejo das armas só procuram dissensões e querelas e não têm nada mais contrário que o repouso. Eis porque se dizia de Mário que era o melhor capitão na guerra que houve na sua época e o mais amotinado e sedicioso burguês em tempo de paz. Todavia, diremos a seguir, em lugar apropriado se é conveniente numa República incitar o povo à guerra.

As facções mais perigosas nos estados aristocráticos e populares

Abordamos alguns meios para prevenir as sedições e parcialidades. Mas assim como é muito mais fácil impedir a entrada do inimigo do que expulsá-lo quando ele entrou, assim também é muito mais fácil prevenir as sedições do que apaziguá-las. E é mais difícil no estado popular do que em qualquer outro, pois o Príncipe na monarquia e os senhores na aristocracia são e devem ser como juízes soberanos e árbitros dos súditos, e frequentemente com seu poder absoluto e autoridade resolvem todos os diferendos. Mas no estado popular a soberania reside naqueles que estão divididos em facções, que não reconhecem os magistrados senão como submetidos ao seu poder. Então é necessário que os mais sábios interfiram e se acomodem sutilmente ao humor do povo para trazê-lo à razão. E assim como aqueles que estão doentes com uma fúria que os faz dançar e saltar sem cessar não podem ser curados se o músico não acordar sua viola ao modo deles para trazê-los ao seu e reduzir pouco a pouco a cadência até que se tornem quietos e calmos, assim também é preciso que o sábio magistrado, ao ver o povo enfurecido, se deixe ir primeiramente ao seu apetite para que possa pouco a pouco trazê-los à razão. Pois resistir a uma multidão irritada não é outra coisa senão opor-se a uma torrente precipitada das alturas.

Mas é coisa bem mais perigosa fazer prova de suas forças contra os súditos se não se estiver muito seguro da vitória, pois se o súdito for vitorioso não se deve duvidar que ele dê a lei ao vencido. E mesmo que o Príncipe não seja vencido, se ele não completar sua empreitada tornar-se-á ridicularizado e dará ocasião aos outros súditos de se revoltarem, e aos estrangeiros de atacá-lo, e a todos de desprezá-lo. Isso é de se temer mais ainda nos estados populares, e aconteceu evidentemente nas sedições ocorridas em Roma, onde aqueles que quiseram proceder pela força e resistir abertamente às vontades de um povo enfurecido perderam tudo, enquanto aqueles que procederam com suavidade trouxeram o povo à razão. O cônsul Ápio, ao ver que o povo romano exigia a rescisão das suas obrigações de empréstimo (nas quais os ricos e usurários tinham interesse notável) não foi da opinião que se cedesse, e numa outra vez, tendo o povo miúdo divergido da nobreza, ele foi da opinião que o tratassem com rigor sem respeitá-lo, de outro modo o povo se zangaria e se tornaria insuportável. Mas na primeira vez Servílio e na segunda Menênio Agripa resistiram a ele e levaram a melhor sobre ele. O próprio Agripa, por meio de uma fábula do corpo humano e das suas partes, que apresentou diante de todos, fez cair as armas das mãos do povo e juntou-o suavemente à nobreza. E assim como as feras selvagens nunca se domesticam a golpes de bastão mas amansando-as, também o povo enfurecido, que é como uma fera de muitas cabeças, e das mais selvagens que existe, nunca será conquistado pela força, mas por tratamento dócil.

Não se deve resistir abertamente ao povo enfurecido

Portanto, é preciso conceder alguma coisa ao povo, e se a sedição ocorre por causa da fome ou da penúria é preciso ordenar rapidamente alguma distribuição aos mais pobres, pois a barriga não tem ouvidos, como dizia Catão, o Censor, ao falar do povo romano. E não se deve poupar as belas palavras e as promessas, pois nesse caso Platão e Xenofonte permitiam aos magistrados e governantes mentir, como se faz com as crianças e os doentes. Assim fazia o sábio Péricles com os atenienses para encaminhá-los à razão: ele os atraía com festins, jogos, comédias, canções e danças, e nas épocas de fartura ordenava alguma distribuição de dinheiro ou de trigo. E por esses meios, depois de ter agarrado essa fera de muitas cabeças, seja pelos olhos, seja pelas orelhas, seja pela pança, ele mandava publicar os éditos e ordenanças salutares e lhes fazia sábias admoestações que o povo amotinado ou esfomeado nunca escutaria. Todavia, o que eu disse, que é preciso amansar o povo e lhe retirar alguma coisa, e até lhe conceder coisas ilícitas, vale quando ele está enfurecido em sedição, e não que se deva seguir os apetites e paixões de um povo insaciável e sem razão, mas ao contrário é preciso segurar-lhe as rédeas de modo que elas não sejam nem forçadas nem soltas de todo. Pois embora seja um precipício escorregadio obedecer ao prazer de um povo, é ainda mais perigoso resistir-lhe abertamente, como faziam Ápio, Coriolano, Metelo, Catão, o Jovem, Fócio e Hermodoro, os quais, querendo obter tudo em alta luta e preferindo romper-se que vergar-se, colocaram as Repúblicas e suas pessoas em perigo.

É verdade que esse meio de mesclar a majestade com a brandura é muito difícil para com um povo desenfreado sem julgamento e sem razão, mas é também o maior ponto que se pode ganhar, até no estado popular, de não bajular nem maltratar demasiadamente o povo. E assim como o Sol se põe e se levanta com todos os astros e planetas, percorrendo a mesma carreira embalado pelo movimento, e não obstante ele não deixa de perfazer seu curso para trás recuando pouco a pouco e inclinando-se entre as estrelas, e quanto mais alto ele está mais ele parece pequeno, assim também deve fazer o sábio governante, seguindo em parte as afeições e vontades de um povo enfurecido para atingir seus desígnios. E ainda que se tivesse a força para reprimir e ordenar um povo amotinado, não se deve usá-la se se puder amansá-lo de outra forma. E quem seria o médico tão inapto a ponto de usar secções e cauterizações se a doença pudesse ser curada de outra forma? Quem seria o Príncipe tão mal aconselhado a ponto de proceder por via de fato se com doces palavras ele pode apaziguar a todos? Vale o mesmo no estado popular, no qual é preciso um mestre muito sábio para amansar as paixões de um povo enfurecido, fazendo-o perceber a olho nu e grosseiramente o desfecho infeliz que pode advir de uma má empreitada.

Temos disso o exemplo memorável do que fez Calvino Capuano, homem popular e todavia sábio e entendido, para trazer à razão o povo de Cápua, que havia decidido matar todos os senadores. A isso o capuano, na qualidade de tribuno do povo, não resistiu, mas ao contrário ele o permitiu, tendo antes advertido os senadores da intenção do povo e do que ele precisava fazer para salvá-los. Depois de tê-los trancados todos num lugar para preservá-los do furor presente, dirigindo-se ao povo disse assim: "Já que decidistes matar todos os senadores, antes é preciso escolher os mais competentes dentre vós para suceder ao seu estado". E começando pelo senador mais detestado, disse: "Primeiramente mataremos o dito cujo". Então o povo todo exclamou: "Bendito, benfeito!". "Vejamos", disse o tribuno, "quem nós colocaremos no seu lugar". Os açougueiros e operários se apresentaram aqui e ali, competindo uns com os outros, e entraram em querela, não querendo ceder essa honra um ao outro. Assim fizeram eles para cada um dos senadores que se nomeava, de modo que não havia menos perturbação entre eles do que houvera contra os senadores. Por esse motivo eles preferiram que os senadores antigos permanecessem nos seus estados a suportar que um do povo fosse preferido a outro.

Artimanha de um tribuno muito louvável

O conselho do tribuno foi sapientíssimo e destramente executado. Depois que ele mostrou com o dedo e com o olho o estranho inconveniente que adviria da morte dos senadores, que era não somente que o morticínio seria para sempre julgado cruel e desumano, mas também que, uma vez realizado, a República ficaria sem conselho como um corpo sem alma e o fogo da sedição se inflamaria entre o povo pela preferência. Mas quando o povo está inflamado, com armas em punho, é muito difícil segurá-lo. Houve não muito tempo atrás um que botou fogo na sua casa para distrair aqueles que brigavam e fazer com que acorressem para apagar o fogo. Ora, nesses assassinatos e lutas do povo, se houver um homem virtuoso e sábio que tenha conquistado reputação de honra e de justiça, então o povo ofuscado pelo seu esplendor e luz de virtude se mantém quieto[82]. Foi o que ocorreu em Veneza quando os da marinha atacaram os habitantes da cidade e se entremataram de tal modo que não havia nem duque, nem senado, nem magistrado que não fosse repelido pela força e violência, até que Pedro Loredano, simples gentil-homem veneziano sem estado, surgiu no meio dos combates e ao levantar a mão fez cair as armas dos punhos de todos, graças à reverência que tinham pela virtude desse personagem. Assim ele mostrou que a virtude tem mais poder e majestade que as armas, as leis ou todos os magistrados juntos. O mesmo aconteceu numa guerra civil entre os habitantes de Florença, que estava tão acirrada que não havia poder humano, nem lei, nem magistrado que pudesse apartar uns dos outros, até que Francisco Soderini, bispo de Florença, chegou vestido do hábito pontifical e apresentou-se com seu clero diante do povo, que ficou calado e retirou-se cada qual para sua casa, por reverência à religião. Foi o meio que usou Jaddus pontífice de Jerusalém contra Alexandre, o Grande, vendo-o chegar em fúria com seu exército para arrasar a cidade.

---
[82] Virgílio, Eneida liv. 1.

O povo se acalma ao ver um sábio ancião ou virtuoso personagem acomodá-lo

Tendo visto esse personagem com o hábito pontifical, ele ficou todo espantado e transformou sua fúria em temor e reverência que prestou ao pontífice, concedendo-lhe tudo que ele pediu[83]. Assim fez o papa Urbano com Átila rei dos húngaros. Mas às vezes o ódio é tão capital de uns contra outros que é preciso interpor estrangeiros para dar cabo dele. Foi o que fez outro bom ancião de Florença, que, ao ver seus concidadãos massacrarem-se mutuamente e queimarem as casas por todos os lados, foi buscar os luqueses, que acorreram em grande número para apaziguar a raiva dos florentinos. Tal coisa é muito louvável e útil, não apenas para aqueles que se põem de acordo mas também para aqueles mesmos que o intermedeiam, pois retiram disso grande honra e o favor daqueles que eles puseram de acordo. Com muita frequência as partes estão tão cansadas e extenuadas das matanças e sedições que só esperam a ocasião para entrar num acordo. Porém, tendo a opinião de que se trata da honra daquele que pede a paz, elas continuam se entrematando até que uma tenha arruinado a outra, se um terceiro não se interpuser. Isso acontece mais nas Repúblicas populares e aristocráticas do que nas monarquias, pelo motivo que acabei de mencionar.

Não há nada mais perigoso para o Príncipe que se tornar partidário

Porém, se acontecer com o Príncipe soberano que ele tome partido em vez de manter-se no lugar de juiz soberano, ele não será nada mais que chefe de partido e correrá o risco de perder a vida, até quando a ocasião das sedições não estiver fundada no estado. Foi o que aconteceu nas guerras acerca do fato da religião nos últimos cinquenta anos em toda a Europa. Viu-se os reinos da Suécia, Escócia, Dinamarca, Inglaterra, os senhores das ligas, o Império da Alemanha mudarem de religião e conservarem em cada República seu estado e monarquia. É verdade que isso não se fez senão com extrema violência e grande efusão de sangue em diversos lugares.

---

[83] Josefo, Antiguidades.

É pernicioso disputar sobre o que deve ser considerado resolvido

Mas sendo a religião aceita de comum acordo não se deve tolerar que ela seja posta em disputa, pois todas as coisas postas em disputa são também postas em dúvida, e é impiedade bem grande pôr em dúvida a coisa da qual cada um deve ter certeza e segurança, pois não há coisa tão clara e verdadeira que não seja escurecida e abalada por disputa, até aquelas que não residem em demonstração nem na razão, mas somente na crença. E se não é lícito entre os filósofos e matemáticos colocar em debate os princípios das suas ciências, por que seria permitido disputar sobre a religião que foi aceita e aprovada? Mesmo assim, o filósofo Anaxágoras sustentava que a neve era preta, e Favorino que febre quartã era coisa muito boa, e Carnéades que vale muito mais a pena ser mau do que virtuoso, e convenceram grande número de homens de sua opinião. Mas Aristóteles dizia que merece a pena das leis aquele que põe em dúvida se há um Deus soberano, coisa que foi por ele demonstrada[84], e quem nega que a neve é branca, por falta de sentido. Por isso é certo que todos os reis e Príncipes do Oriente e da África proíbem muito estritamente que se dispute acerca da religião, e as mesmas proibições estão contidas nas ordenanças da Espanha e do rei da Moscóvia[85]. Este, ao ver seu povo dividido em seitas e sedições por causa das pregações e disputas dos ministros, proibiu que se pregasse ou debatesse a religião, sob pena de morte, e entregou aos padres sua lição e crença por escrito para publicá-las nos gradis nos dias de festa, com proibição de acrescentar algo.

A lei de Deus ordena expressamente que ela seja escrita em toda parte e lida ao povo de todas as idades e todos os sexos, sem cessar, mas ela não diz que será debatida. Ao contrário, os hebreus, instruídos pelos profetas de pai para filho, ensinavam a lei de Deus em sete colégios que ficavam no monte Sião mas não toleravam jamais que se entrasse em disputa, como lemos no livro III de Optatus Melevitanus, pois a disputa só é inventada para as coisas verossímeis e não para as coisas necessárias e divinas, que sempre são postas em dúvida pela disputa. Por isso foi estritamente proibido, sob pena de morte,

---

[84] Física liv. 6, Metafísica liv. 12 cap. 12.
[85] Sigismundo, História da Moscóvia.

e depois executado com rigor em várias cidades da Alemanha, depois da jornada imperial do ano de 1555, que alguém disputasse acerca da religião.

Os efeitos da religião

Como os próprios ateístas estão de acordo[86] que não há coisa que mais conserva os estados e Repúblicas que a religião e que é o principal fundamento do poder dos monarcas e senhorias, da execução das leis, da obediência dos súditos, da reverência dos magistrados, do temor de mal agir e da amizade mútua para com cada um, é preciso tomar muito cuidado para que uma coisa tão sagrada não seja desprezada ou posta em dúvida por disputas, pois desse ponto depende a ruína das Repúblicas. E não se deve dar ouvidos àqueles que sutilizam por razões contrárias, já que *summa ratio est quae pro religione facit*, como dizia Papiniano. Não digo aqui qual das religiões é a melhor (embora só haja uma religião, uma verdade, uma lei divina proclamada pela boca de Deus). Mas se o Príncipe que tiver uma segurança certeira da verdadeira religião quiser atrair para ela os seus súditos divididos em seitas e facções, na minha opinião ele não deve usar a força, pois quanto mais a vontade dos homens é forçada mais ela se torna rebelde. No entanto, ao seguir e adotar a verdadeira religião sem fingimento nem dissimulação, ele poderá voltar os corações e vontades dos súditos para a sua, sem qualquer violência nem sanção. Ao agir assim, não somente ele evitará as emoções, perturbações e guerras civis, mas também encaminhará os súditos devotos ao porto da salvação.

Teodósio, o Grande, mostrou a experiência disso quando encontrou o Império Romano repleto de arianos, que tinham ganho tamanho poder e crescido tanto sob o favor de três ou quatro imperadores que haviam estabelecido sua opinião por oito concílios[87], inclusive o de Rimini, no qual seiscentos bispos foram da sua opinião e restaram apenas três de renome que lhes fossem contrários, de modo que puniam os outros com execuções, confiscos e outras penas rigorosas. Teodósio não quis forçar nem punir os arianos, embora fosse seu inimigo, mas ao contrário permitiu que cada um vivesse com liberdade de consciência e mandou ordenar dois bispos em cada cidade, embora tivesse feito alguns éditos contra o arianos, que ele suspendeu e

---

[86] Políbio, *De militari ac domestica Romanorum disciplina* liv. 6.
[87] Os concílios de Tiro, Sardis, Milão, Sirmium, Selêucia, Niceia, Tarso e Rimini.

não quis que fossem executados. Não obstante, vivendo segundo a sua religião e instruindo seus filhos ao seu modo ele diminuiu bastante os arianos na Europa, embora estes tenham desde sempre continuado e continuam ainda na Ásia e na África, sob a lei de Maomé, que se apoia nesse fundamento. Mas o rei dos turcos, que detém uma boa parte da Europa, conserva sua religião como qualquer Príncipe do mundo e não força ninguém, mas permite, ao contrário, que cada um viva segundo sua consciência. Além disso, ele mantém junto do seu serralho em Pera quatro religiões diversas, a dos judeus, a dos cristãos à romana e à grega, e a dos maometistas, e envia a esmola aos calógeros, quer dizer, aos frades ou religiosos cristãos do monte Athos, para que rezem por ele. Assim fazia Augusto com os judeus, aos quais enviava a esmola ordinária e os sacrifícios em Jerusalém. E embora Teodorico rei dos godos favorecesse os arianos, ele nunca quis forçar a consciência dos súditos e deu o motivo com estas palavras: *Religionem imperare non possumus, quia nemo cogitur ut credat invitus*, como lemos em Cassiodoro.

De outra forma, acontecerá que aqueles que forem impedidos de exercer sua religião e não tiverem gosto pelas outras se tornarão totalmente ateus, como vemos, e depois de terem perdido o temor a Deus espezinharão leis e magistrados e se exaltarão em toda espécie de impiedades e maldades que é impossível remediar por leis humanas. E assim como a mais forte tirania não é tão miserável quanto a anarquia, quando não há nem Príncipe nem magistrado, assim também a mais forte superstição do mundo não chega a ser tão detestável como o ateísmo. Portanto, é preciso fugir do mal maior quando não se pode instituir a verdadeira religião. Mas espantam-se sem causa de que no tempo de Teodósio, haja vista as seitas que então existiam, não houvesse guerras civis, pois havia pelo menos cem seitas, na conta de Tertuliano e Epifânio, o que mantinha em contrapeso umas e outras.

Por que diversas seitas concordam melhor do que duas

Ora, em matéria de sedições e tumultos, não há nada mais perigoso do que a divisão dos súditos em duas opiniões, seja quanto ao estado, seja quanto à religião, seja quanto às leis e costumes. Ao contrário, se eles tiverem várias opiniões, uns intermediarão a paz e conciliarão os outros que nunca se conciliariam por si mesmos. É por isso que Sólon publicou uma lei sobre o fato das perturbações e sedições civis, que no entanto para muitos parece injusta, a saber que cada um teria que tomar um ou outro partido e que não seria lícito a ninguém ser neutro, visto que a virtude mais louvável é a modéstia do bom súdito que deseja para viver em paz e se esforça para isso. Acrescente-se que por esse meio a consciência do homem de bem é forçada a tomar um ou outro partido, conquanto julgue que ambos são viciosos e ambos estão errados. E além disso acontecerá que, se ele quiser seguir o partido que julgar melhor, será preciso fazer a guerra ao seu pai, aos seus irmãos e aos seus amigos, que estarão em armas do outro lado, o que seria obrigá-lo a cometer parricídio e ferir aquele a quem deve a vida. Enfim, a lei de Deus[88] proíbe aquele que conhece a verdade de seguir a opinião comum daqueles que estão desviados, o que parece que a lei de Sólon infringe.

Lei de Sólon de seguir um dos partidos

Todavia, pode-se dizer ao contrário que ela é muito útil e necessária, mesmo nos estados populares e aristocráticos, nos quais não há soberano que possa, por ser neutro, julgar os diferendos daqueles que estão em sedição. Pois bem se sabe que os mais astutos, na guerra civil, retiram-se assim que podem do tumulto se não estiverem bem seguros da vitória do partido que apoiam, e eles nunca arriscarão sua vida nem seus bens por uma facção a não ser que vejam o perigo de que o fogo público queime suas casas particulares. Com muita frequência os mais espertos e os mais malvados põem os outros em querela para pescar em águas turvas e passar por cima de outrem para tomar e usurpar seus bens e ofícios, como faziam antigamente os sacerdotes de Marte, que eram chamados de incendiários porque jogavam as tochas entre os dois exércitos para fazê-los combater e se retiravam do tumulto. Ora, se valesse a solução de Sólon, os incendiários não ousariam semear a dissensão entre os cidadãos, pois teriam que correr o mesmo perigo, e quanto às pessoas de bem, que amam a paz e não aprovam nem uma nem outra facção, se forem obrigadas a tomar partido elas se esforçarão por todos os meios para prevenir as sedições e resolver as perturbações. Acrescente-se que seu crédito e autoridade poderão trazer à razão aqueles que de outro modo nunca o fariam, pois

---

[88] Deuteronômio 12.

os tolos brigarão sem trégua se os sábios não interferirem. Eis, parece-me, a razão que teve Sólon para fazer essa lei.

No entanto, se a máxima que postulamos no capítulo sobre a segurança das alianças é verdadeira, que os Príncipes, ao ver seus vizinhos em guerra, devem ser os mais fortes, ou estar entre os mais fortes, ou pelo menos esforçar-se para conciliar aqueles que estão em guerra, para que não sejam presa dos vencedores, ela é muito mais verdadeira na guerra civil, na qual aquele que é neutro está em maior perigo que o Príncipe que nada deve a outrem. Durante a Guerra do Peloponeso e as perturbações dos atenienses, Teramenes manteve-se quieto, sem aliar-se nem a uns nem a outros. Por isso ele foi abandonado por todos à mercê dos tiranos, que mandaram matá-lo. Portanto, aquele que quer ser neutro, seja na guerra civil, seja contra o estrangeiro, deve pelo menos esforçar-se para conciliar os outros. Ou, se ele vê que as querelas, guerras e ruínas de outrem são a segurança do seu estado, dos seus bens e da sua pessoa (como às vezes ocorre que os tiranos e maus cidadãos entrem em acordo só para arruinar os bons), pelo menos ainda é necessário que ele se esforce em aparência para intermediar o acordo, o que muitos fizeram enquanto alimentavam e entretinham as querelas o mais secretamente que podiam.

Essa é uma coisa pela qual Deus tem abominação, como diz Salomão[89], a não ser no caso que mencionei, no qual o repouso dos maus foi a ruína inevitável dos bons. Pois assim como para uma virtude existem vários vícios contrários, e para um homem de bem existem dez que não valem nada, assim também Deus deu ordem de que os maus fossem arruinados uns pelos outros: "Vingar-me-ei (falando pela boca de Jeremias) dos meus inimigos pelos meus inimigos". Eu disse que é preciso que os bons Príncipes diante dos tiranos e os bons cidadãos diante dos maus dissimulem seu contentamento, fingindo concordar com eles, pois não há nada que se tenha mais a contragosto que o regozijo e prazer de uns ao ver em toda segurança a ruína dos outros.

Outros meios para prevenir as sedições

Eis, portanto, alguns meios para apaziguar as sedições entre vários que se poderia enumerar com detalhes, como se pode também citar: tirar

---
[89] Provérbios.

os sinos dos rebeldes, como foi feito com os de Montpellier no ano de 1374, e de Bordeaux no ano de 1552. Depois eles foram restituídos, ainda que a maioria dos habitantes de Bordeaux insistissem para que eles não fossem devolvidos, tendo sentido o resultado que adveio disso. Se foi bom ou mau, deixo a resolução a todo homem de são juízo. Mas seja como for, o Grande Senhor e todos os Príncipes do Oriente deram ordem para que essa invenção dos sinos, que proveio de Nole na Itália, não fosse introduzida no seu país. Por isso lá não se vê tumultos e sedições tão corriqueiras como em todo o Império do Ocidente, pois não somente o som dos sinos é maravilhosamente apropriado para pôr em armas um povo amotinado à medida que soam, mas também para assustar os espíritos doces e pacíficos e colocar os loucos em fúria. Assim fez aquele que tocou a rebate o grande sino de Bordeaux para incitar mais o povo; depois ele foi enforcado no badalo do sino, como merecia.

O outro meio é tirar as armas caso se tema a sedição, o que é o mais comum, embora os Príncipes da Itália e do Oriente não tolerem que se porte armas, como os povos do Setentrião e do Ocidente, não mais do que se fazia antigamente na Grécia e na Ásia. Pois até Aristóteles[90], ao falar dos bárbaros, considera coisa estranha que se carregue espada ou adaga pela cidade em tempos de paz, o que todavia foi ordenado a todos os súditos pelas ordenanças da Suíça, o que é causa de uma infinidade de assassínios. Pois aquele que porta espada, adaga ou pistola torna-se mais orgulhoso, insolente e pronto a cometer injúria, e se for injuriado, pronto a cometer homicídio. Se estiver desarmado, não terá oportunidade de cometer nem uma nem outro, e não carregará a infâmia que segue aqueles que não ousam desembainhar quando são ultrajados. Os turcos procedem ainda mais estritamente, não somente punindo os sediciosos e amotinados com todo rigor, mas também proibindo portar armas até mesmo na guerra, a não ser quando se deve combater, e se o inimigo não estiver próximo, eles colocam as armas nos pavilhões ou em carroças. Contudo, eles ultrapassam na arte militar os mais bravos povos da Terra.

Se isso se faz na guerra e no campo, o que se deve fazer nas cidades e em tempos de paz? Há entre as ordenanças louváveis da polícia de Paris uma muito boa e bem executada, a saber que nenhum vadio nem carregador de feixes porte espada, adaga ou faca, nem outras armas ofensivas, por causa dos assassinatos que seriam cometidos nas querelas ordinárias que têm entre si.

---

[90] Na Política.

Se isso valesse para todas as pessoas, mil homicídios e assassinatos deixariam de ser cometidos e se evitariam as sedições que surgem em vários lugares por esse motivo. Pois não é sábia política nem boa governança esperar que o assassinato seja cometido ou que a sedição ocorra para proibir as armas. Assim como o bom médico previne as doenças, e se acontecer que um paciente seja afligido repentinamente por uma dor violenta ele acalma o mal presente, e isso feito ele aplica os remédios às causas da doença, assim também o sábio Príncipe deve prevenir tanto quanto for possível as sedições, e quando elas ocorrerem acalmá-las a qualquer preço, e depois ver as causas das doenças mais afastadas dos efeitos e aplicar-lhes os remédios apropriados.

A impunidade dos maus acarreta a ruína dos estados

Falamos das causas que provocam mudança dos estados e Repúblicas; das mesmas causas provêm as sedições e guerras civis, a denegação de justiça, a opressão do povo miúdo, a distribuição desigual das penas e recompensas, a riqueza excessiva de um pequeno número, a extrema pobreza de muitos, a ociosidade demasiada dos súditos, a impunidade dos delitos. E talvez este último ponto seja da maior importância, e é nele que se presta menos atenção. Abordei-o anteriormente, e é preciso frequentemente refrescá-lo na memória, pois os Príncipes e magistrados que aspiram à glória de serem misericordiosos vertem sobre suas cabeças a pena que os culpados mereceram. É o que o sábio hebreu repetiu tantas vezes quando ele advertiu para não empenhar outrem. Não que ele proíba a caridade para com o pobre, como muitos pensam, mas que não aconteça a ninguém de ajudar os maus a fugirem, pois ele pode estar seguro de que sofrerá a pena. Foi o que se disse ao rei Achab, que tinha salvo a vida de Benadab rei da Síria em vez de mandá-lo matar. Deus mandou lhe dizer que ele havia empenhado outrem deixando viver o maldoso e que isso lhe custaria a vida.

O que é dito em particular se verifica em geral para todos os Príncipes e Repúblicas, que não têm causa mais certa de sua ruína que a injustiça. A punição dos rebeldes é também um dos meios para prevenir as sedições por vir. Nós a abordamos no capítulo dos corpos e colégios, assim como a forma que ela deve ter. É o que deve acontecer quando um corpo ou a minoria dos súditos incorreu em erro, e não se todo o povo ou a maioria forem culpados.

Pois cortar um braço ou uma perna para conservar todo o corpo não é o mesmo dizer que se deve cortar os membros principais se estão infectados; ao contrário, deve-se seguir o conselho de Hipócrates, que proíbe aplicar remédio às doenças incuráveis.

Mas além das causas de sedição que mencionei anteriormente há uma que depende da licença que se dá aos discursadores, que guiam os corações e vontades do povo para onde lhes convier. Pois não há nada que tenha mais força sobre as almas que a graça de bem dizer, como nossos antigos pais imaginavam Hércules Céltico como ancião que arrastava atrás de si os povos acorrentados e pendurados pelas orelhas por correntes que saíam de sua boca, para mostrar que os exércitos e o poder dos reis e monarcas não são tão fortes quanto a veemência e o ardor de um homem eloquente, que queima e inflama os mais covardes a vencer os mais valentes, que faz cair as armas das mãos dos mais orgulhosos, que transforma a crueldade em brandura, a barbárie em humanidade, que altera as Repúblicas e brinca com os povos ao seu bel-prazer. Não digo isso por elogio da eloquência, mas pela força que ela tem, que se emprega com mais frequência para o mal que para o bem. Pois como não é outra coisa senão um travestimento da verdade e um artifício para fazer julgar bom aquilo que é mau, e direito o que é torto, e fazer uma coisa grande a partir de nada, e de uma formiga fazer um elefante, quer dizer, a arte de bem mentir, não se deve duvidar que para um que faz bom uso dessa arte, cinquenta abusam dela. Por isso é difícil entre cinquenta oradores notar um homem de bem, pois seria coisa contrária à profissão que exercem querer seguir a verdade, visto que a mais bela regra que Cícero concede à pessoa do orador Marco Antônio é de nada dizer contra si, ou então, como diz Aristóteles, de saber disfarçar tão bem as coisas que não se pode descobrir o engodo.

Que se observe bem todos aqueles que tiveram fama de ser nobres discursadores e se verá que eles levaram os povos à sedição, e muitos mudaram as leis, os costumes, as religiões e as Repúblicas, outros arruinaram-nas totalmente, e por isso quase todos acabaram em morte violenta. Não é necessário aqui verificar isso pelo exemplo dos oradores de Atenas ou de Roma, mas sim pelos de nossa época, que trabalharam tão bem que todo o império da África e do Ocidente esteve e ainda está em armas. E houve aqueles que, pela sua eloquência, fizeram expulsar os reis e usurparam seu estado, o que aconteceu com os reis do Marrocos, que eram da casa de José, aos quais um pregador a pretexto de religião retirou o cetro e a coroa. E embora ele fosse chamado o cavaleiro do asno, ele pregou tão bem que reuniu um exército de cento e vinte mil homens. Em caso semelhante, o primeiro que foi chamado Sophi usurpou o reino da Pérsia há não muito tempo e expulsou dele os filhos do rei legítimo Unsuncassam, com o mesmo pretexto de religião. E João de Leiden (que de vagabundo se fez pregador) invadiu Munster, capital da Vestfália, e se fez coroar rei soberano, sustentando o sítio por três anos contra o Império da Alemanha. Pelo mesmo meio Jerônimo Savonarola, pregador instigado por Antônio Soderini, no debate que houve em Florença entre os habitantes sobre quem deteria o estado aristocrático ou popular levou o povo a tomar o estado popular, assim como Péricles teve a ajuda do orador Efialtes para tornar o estado dos atenienses totalmente popular.

Em suma, viu-se toda a Alemanha em armas e cem mil homens mortos em menos de um ano desde que os pregadores amotinados instigaram o povo contra a nobreza; ouviu-se discursadores inflamarem os Príncipes a matar, massacrar e queimar seus súditos, como fazia Nestório pregando em Constantinopla diante do imperador deste modo: "Dê-me, Imperador, a terra vazia de hereges e eu te darei o céu; fulmine comigo os hereges e eu arruinarei contigo o poder dos persas". Por isso ele foi chamado de incendiário, pois se o imperador tivesse acreditado nele teria mandado matar a maioria ou quase todos os seus súditos, e Nestório o primeiro. Portanto, é uma faca muito perigosa na mão de um homem furioso a eloquência na boca de um discursador amotinado. Não obstante, é um meio para aqueles que querem bem usá-lo levar os povos da barbárie à humanidade; é o meio de reformar os costumes, corrigir as leis, castigar os tiranos, banir os vícios, manter a virtude. E assim como se encantam as áspides, as víboras e as serpentes com certas palavras, assim também os oradores encantam os homens mais selvagens e cruéis com a doçura da eloquência, como dizia Platão. E não há meio maior de apaziguar as sedições e conter os súditos na obediência dos Príncipes do que ter um pregador sábio e virtuoso por meio do qual se possa dobrar e vergar suavemente o coração dos mais rebeldes, mesmo no estado popular, em que o povo ignorante é senhor e não pode ser contido pelos discursadores. Por esse motivo, eles sempre detiveram o primeiro grau de honra e poder nos estados populares, mandando conceder os cargos e comissões, os dons e recompensas a quem bem lhes parecesse.

Em suma, a paz e a guerra, as armas e as leis dependem dos discursadores. E ao contrário não há nada mais temível para o tirano que o discursador que tem o favor do povo se ele tiver ódio da tirania. Mas assim como as regras que postulamos devem se adaptar à natureza das Repúblicas, e as Repúblicas, leis e costumes à natureza de cada nação, falemos também do natural de todos os povos por ser coisa das mais necessárias no governo dos estados e Repúblicas.